我的世界攻略

武装战斗

王正阳·编著

电子工业出版社
Publishing House of Electronics Industry
北京·BEIJING

未经许可，不得以任何方式复制或抄袭本书之部分或全部内容。
版权所有，侵权必究。

图书在版编目（CIP）数据

我的世界攻略. 武装战斗 / 王正阳编著. -- 北京：电子工业出版社，2024.3
ISBN 978-7-121-46429-4

Ⅰ. ①我… Ⅱ. ①王… Ⅲ. ①网络游戏-介绍 Ⅳ. ①G898.3

中国国家版本馆CIP数据核字(2023)第183427号

责任编辑：赵英华
印　　刷：天津市银博印刷集团有限公司
装　　订：天津市银博印刷集团有限公司
出版发行：电子工业出版社
　　　　　北京市海淀区万寿路173信箱　　邮编：100036
开　　本：720×1000　1/16　印张：29.25　字数：655.2千字
版　　次：2024年3月第1版
印　　次：2024年3月第1次印刷
定　　价：168.00元（全4册）

凡所购买电子工业出版社图书有缺损问题，请向购买书店调换。若书店售缺，请与本社发行部联系，联系及邮购电话：(010) 88254888，88258888。
质量投诉请发邮件至zlts@phei.com.cn，盗版侵权举报请发邮件至dbqq@phei.com.cn。
本书咨询联系方式：(010) 88254161~88254167转1897。

目录

战前须知 ⋯ **06**

01 生命 ⋯ **08**
02 伤害 ⋯ **10**
03 治疗 ⋯ **18**
04 暴击和攻击冷却 ⋯ **20**
05 双持与防御 ⋯ **22**
06 耐久度 ⋯ **23**

整装上阵：装备选择 ⋯ **24**

01 武器 ⋯ **26**
02 盔甲 ⋯ **30**

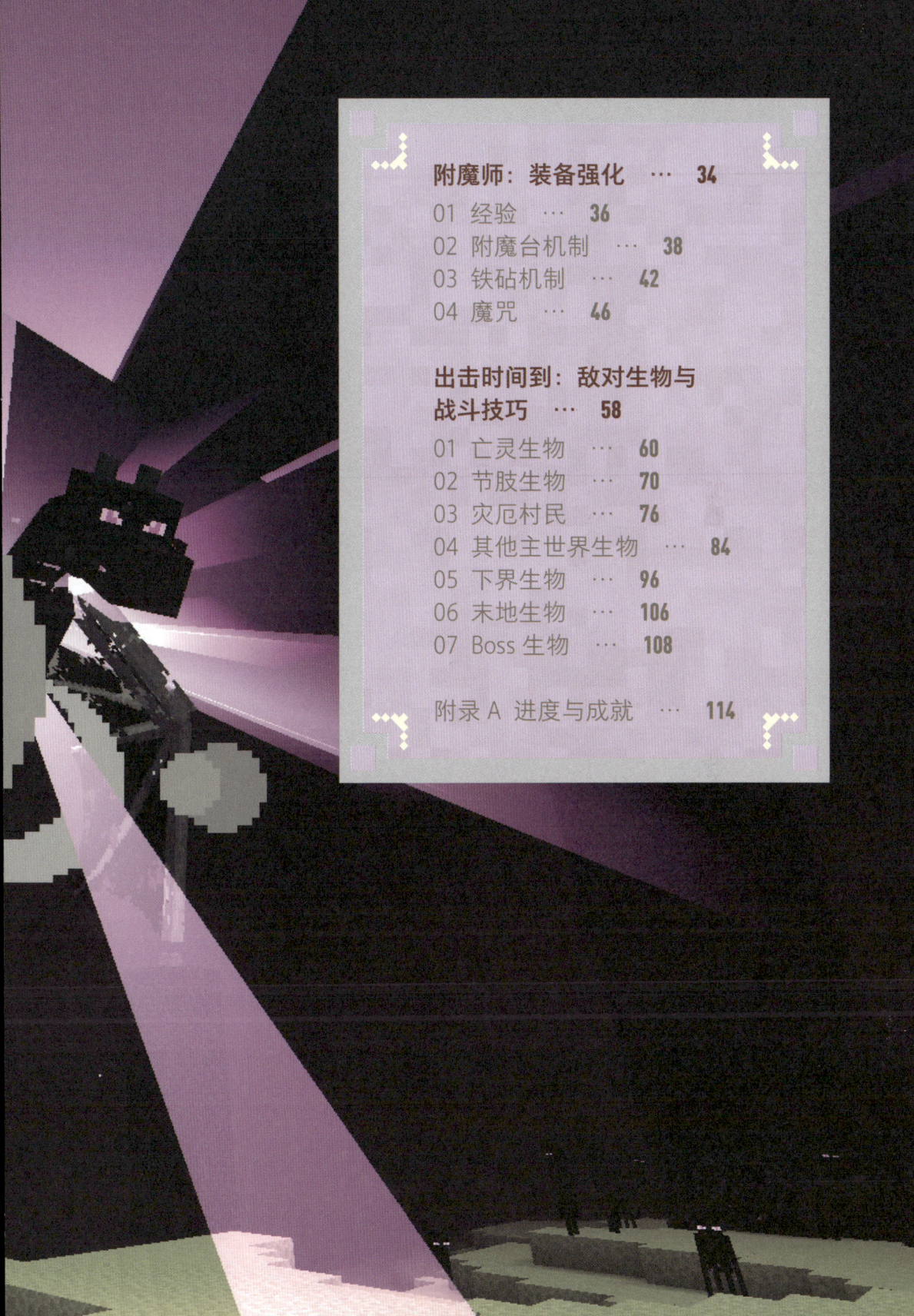

附魔师：装备强化 ⋯ 34
- 01 经验 ⋯ 36
- 02 附魔台机制 ⋯ 38
- 03 铁砧机制 ⋯ 42
- 04 魔咒 ⋯ 46

出击时间到：敌对生物与战斗技巧 ⋯ 58
- 01 亡灵生物 ⋯ 60
- 02 节肢生物 ⋯ 70
- 03 灾厄村民 ⋯ 76
- 04 其他主世界生物 ⋯ 84
- 05 下界生物 ⋯ 96
- 06 末地生物 ⋯ 106
- 07 Boss 生物 ⋯ 108

附录 A 进度与成就 ⋯ 114

战前须知

导言

在《我的世界》中,我们会遇到各种各样的敌对生物。了解如何与这些敌对生物进行战斗是一个优秀的玩家所必备的。下面,我们将一起了解基本的战斗机制的相关知识,为接下来别开生面的战斗做好知识储备!

01 生命

玩家自身的生命值可以在物品栏上方（PC）或屏幕左上角（移动设备）轻松看到，它以一个生命红心条的形式呈现。每个红心代表2点生命值，当2点生命值损失了其中1点时，红心将变为半颗红心。每个玩家默认都具有10颗红心，也就是20点生命值。当玩家吃下金苹果或附魔金苹果等可以提供伤害吸收状态效果的食物时，可以获得额外的伤害吸收生命值。伤害吸收生命值显示为金色的心。金苹果可以提供2分钟的2颗金心，附魔金苹果则可以提供2分钟的8颗金心，这意味着玩家此时具备36点生命值。具备金心时玩家受到的伤害将优先通过金心承受。在遇到大Boss时，啃一口金苹果将是一个不错的选择。

当玩家生命值归零时，玩家将损失背包中的全部物品，并在重生点重生。在主世界中，可以通过在一张床上休息来设置重生点，而在下界中，则可以使用重生锚来获得床的效果。如果你并没有设置过一个重生点、设置重生点的方块被摧毁或者重生锚能量耗尽，你将在世界的初始出生点重生。在这种情况下，寻回自己遗失的物品将变得十分困难，所以，在战斗出发前检查好自己的重生点是否设置妥当是一个良好的习惯。

为了不让自己的生命值面临归零的危机，合格的玩家都会预先充分了解可能使生命值降低的各种情况，这便要求我们充分了解游戏中生物攻击所造成的伤害。

每个生物都具有生命,这当然包括各类敌对生物和我们玩家自身。在出击之前了解每个敌人的生命值,是知己知彼、取得胜利的第一步。一般而言,生命值越高的生物越难以击败,同时它们对玩家的威胁性也就越大。

> 千万不要在下界使用床,或者在主世界使用充能的重生锚。否则,你将受到"刻意的游戏设计"的攻击。

02 伤害

近战

常见程度：★★★★★普遍
致命程度：★★中

近战伤害可能是玩家接触最多的伤害类型，和大多数敌对生物交手都会产生各类近战伤害。玩家造成近战伤害的方式包括徒手攻击，以及用剑、斧、镐、锹、锄等近战武器造成的各式攻击。初识战斗技巧的玩家往往都会手握一把长剑，与恼人的怪物进行近身周旋，但是这并不意味着这种战斗方式有多么不堪入目。事实上，不管是战斗新手还是战斗高手，挥剑进行近战攻击都是一个相当不错的战斗选择。

在战斗的过程中，玩家可能会受到各式各样的伤害。不同的伤害来自不同的场景，因此，玩家需要根据自己周遭的环境转动自己的大脑，防患于未然。同时，我们的敌人在战斗中也会受到我们的各种伤害。优秀的玩家都会培养出各式的战斗技巧，对敌人造成精准伤害。

大多数敌对生物也能近距离与玩家搏击。僵尸、蜘蛛、末影人、史莱姆、蠹虫乃至大部分灾厄村民都会选择先对玩家近身再造成伤害。它们其中有一些精英还会像玩家一样手持武器，在接近时一定要格外小心。

弓与弩

常见程度：★★★★普遍
致命程度：★★中

在战斗中使用弓或弩也是不错的选择，可以在一段距离之外置敌人于死地，从而避免近身接触。然而，这也伴随着一些缺点。搭在弓上的箭每次射出之前，我们都需要拉弓蓄力。如果蓄力时间较短，箭矢造成的伤害便不会特别理想。即使是弩，也需要在发射之前提前装填，以便发射时能够瞬间将箭矢射出。弓弩造成的伤害都是远程伤害。

部分敌对生物具有使用弓或弩的能力。普通的骷髅都默认以弓箭的形式进行攻击，灾厄村民中的掠夺者则会使用弩进行攻击。

弹射物

常见程度：★★★中等
致命程度：★低

顾名思义，弹射物是可以被弹出或射出的物体。事实上，弓、弩都是通过发射箭这种弹射物来造成伤害的。除了箭，三叉戟、雪球、鸡蛋、末影珍珠、火球、凋灵之首等都属于弹射物，甚至，如果惹怒羊驼，羊驼还会通过吐唾沫的方式进行攻击，这无外乎也是弹射物。

使用弹射物进行攻击的敌对生物也有很多，包括使用三叉戟的溺尸、使用火球的恶魂和烈焰人、使用凋灵之首的凋灵等。

饥饿

常见程度：★★★★★普遍
致命程度：★低

饥饿是玩家除生命之外的另一种状态信息，与玩家的餐饮密切相关。当玩家的饥饿值为0时，玩家将持续受到每4秒1点的饥饿伤害。如果在困难难度下，你有可能会因此而饿死。及时补充食物是一个游戏高手所具有的深刻经验。

爆炸

常见程度：★★★中等
致命程度：★★★★高

　　虽然爆炸并非一定是一种艺术，但作为一种威胁，这依旧是玩家需要着重关注的表现形式。一种名为苦力怕的生物便专门以爆炸来攻击玩家，这使得大多数玩家对这种生物敬而远之。

　　当然，爆炸也是一种玩家可控的伤害形式。通过制作TNT等爆炸工具，玩家可以通过爆炸对周围的生物造成伤害。当然，或许你还可以巧妙地利用一下"刻意的游戏设计"来做点什么呢？

接触

常见程度：★★ 罕见
致命程度：★ 低

部分方块会通过接触对玩家造成伤害，所以我们在未知的环境中探索时，一定要时刻注意身边的危险。火、熔岩、岩浆块、仙人掌、甜浆果丛、细雪都会对深陷其中或者与之接触的玩家持续造成伤害，优秀的玩家必当眼观六路、耳听八方，采取恰当的措施规避这类伤害。

虚空

常见程度：★ 罕见
致命程度：★★★★ 极高

虚空是最危险的一种伤害，因为玩家一旦掉入虚空，便不再有任何挽回的余地，甚至其随身物品也将没入无尽的虚空，不复存在。主世界和下界的地底有坚固的基岩保护，所以玩家并不会接触到虚空。但是在末地中，玩家则可能会直接和虚空来一个亲密的拥抱。时刻注意脚下，不要让自己有去无回。

负面效果

常见程度：★★罕见

致命程度：★★★★高

　　有时玩家会得到一些负面的状态效果，这些状态效果也是很多玩家避之不及的威胁。瞬间伤害状态效果会使玩家瞬间受到一定量的伤害，中毒和凋零更是会持续使玩家失去生命。女巫会向玩家扔出药水使玩家获得一些负面效果。如果被凋灵之首击中，玩家会获得凋零效果。这是一种十分危险的效果，如果不及时消除，玩家将面临死亡的风险。

　　当然，药水不是女巫的专利。玩家们也可以通过酿造台酿造喷溅药水，对敌人进行反击。

17

03 治疗

既然在战斗中不可避免地会受到伤害,那么我们也必须学习如何给自己进行治疗。治疗就是使生命值恢复的过程。在实际战斗中,恢复生命值的途径并不多,所以这更要求玩家具有较好的规避伤害的本领和及时治疗的自觉。

饱食

常见程度:★★★★★普遍
恢复能力:★★中

　　与饥饿时会持续受到伤害相反,玩家在18～20饥饿值之间时会持续恢复生命值。这是玩家恢复生命值的主要方式。因此,随身携带食物是战斗过程中必不可少的操作。

正面效果

常见程度:★罕见
恢复能力:★★★★高

　　很多正面状态效果会为玩家恢复生命值,瞬间治疗效果可以立刻恢复生命值,生命恢复效果也可以逐步迅速恢复生命值。由于状态效果的治疗速度远比饱食治疗要快,在与Boss之类的高血量高伤害的怪物作战时,携带一些正面药水或能够产生正面状态效果的物品将有助于自己长时间作战。

19

暴击和攻击冷却

暴击是玩家在近战攻击时能够造成额外伤害的攻击。每次暴击将造成不暴击攻击的1.5倍伤害。要造成暴击，玩家必须满足以下条件：

- 玩家必须正在下落。
- 玩家不能站在地面上。
- 玩家不能在梯子、藤蔓、蜘蛛网或水等影响运动的方块中。
- 玩家不能具有失明效果。
- 玩家不能正在骑着一个实体。
- 在Java版中，玩家不能具有缓降效果。
- 在Java版中，玩家的速度不能快于行走（如飞行或疾跑）。
- 在Java版中，玩家攻击冷却完成度不能低于或等于84.8%。

巧妙地利用暴击，可以在实际战斗中减少攻击次数，更快击杀难缠的敌人。

除暴击以外，我们还需要了解另一种攻击机制——攻击冷却。在游戏中，每次攻击之间都有一定的冷却时间，如果在冷却时间之内连续攻击，攻击造成的伤害将随着连续攻击的速度提高而降低，这一点可以从拿武器的高度和伤害决定条的长度看出。

# 双持与防御

双持是一种可以允许玩家双手同时持有物品的机制,其中原本的手称为主手,额外持物的手称为副手。当主手不能使用或放置所持物品时,按下使用键将对副手物品进行使用,不同物品在双持时会呈现不同的效果。

若副手持有普通箭、药箭和烟花火箭,可以使主手的弓或弩优先使用这些箭,利用这一点,可以自由选择发射何种箭。

盾牌是玩家最常持在副手上的物品,使用时可以对来自前方的攻击进行防御。近战、弓箭、大部分的弹射物和爆炸都可以被盾牌抵挡。在副手持有盾牌时,在Java版中长按使用键或在基岩版中蹲下(潜行、向下飞行或在水中向下移动)会触发盾牌防御功能,一次成功的防御会发出声音并消耗盾牌的耐久度。

06 耐久度

在出战之前，我们还需一起来了解装备的耐久度。每一种装备都有其自己的耐久度，不同材料制成的装备耐久度也不尽相同，从低到高依次为金质、木质、石质、铁质、钻石质和下界合金质，而弓、弩、盾牌和鞘翅的耐久度皆处在比铁质稍高但远不及钻石质的水平。

剑每攻击一次生物便消耗1点耐久度，斧、镐、锹、锄每攻击一次生物则消耗2点耐久度，弓和弩每发射一支箭矢消耗1点耐久度，其中弩发射一个烟花火箭则消耗3点耐久度。当玩家受到伤害的时候，其装备的所有盔甲都会同时减少1点耐久度。当盾牌抵挡下3点或更高生命值时，会损失"攻击伤害+1"点耐久度，抵挡伤害较低时不会损失耐久度。

物品的耐久度会表现在物品的耐久度条上，耐久度为满值的物品不会出现耐久度条。随着物品的使用，耐久度条的有色部分会从右向左逐渐缩短，颜色会从绿逐渐过渡为红色。使用工作台或砂轮将两个消耗了一定耐久度的同种物品合成在一起，将会得到一个叠加了它们耐久度的新物品，并且新物品会额外增加5%的耐久度；使用铁砧将如此的两个物品打在一起，也会得到一个叠加了耐久度的新物品，同时保留物品的所有魔咒，并额外得到12%的耐久度。

时刻关注自己的装备的耐久度，防止其损坏，是一个玩家在野外生存、与敌人战斗的必备本领。

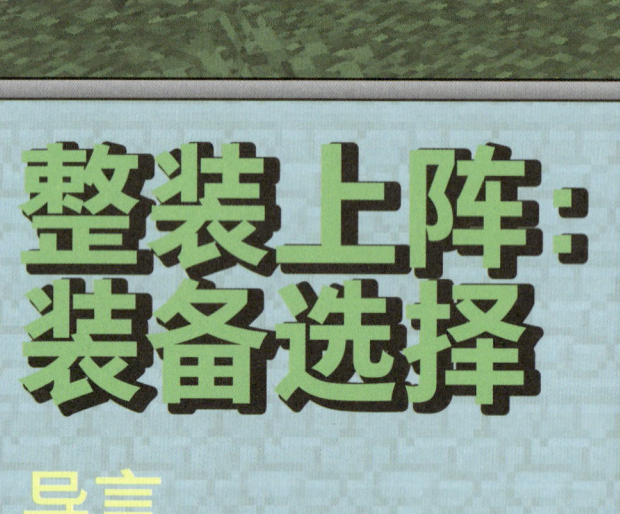

整装上阵：装备选择

导言

了解完基本的战斗机制后，是时候选择你心仪的武器和盔甲了！不同的武器和盔甲适用于不同的战斗场合，因此不要局限于使用一套装备！

01 武器

剑

剑是专门用于造成伤害的工具。剑拥有相对较短的冷却时间、可观的持续杀伤力，以及横扫带来的额外范围打击能力。通过添加附魔，剑可以对生物施加更多效果，包括击退、着火，以及增加生物的掉落物。

斧

斧除了作为木制方块挖掘工具，也是一种杀伤力可观的近战武器。不同于剑，斧以较低的攻击频率进行攻击。斧的持续杀伤力低于剑，但斧的每一次攻击都能造成巨大的伤害，适合进行爆发杀伤。

在面对持有盾牌的目标时，玩家在疾跑时使用斧进行攻击，有机会将盾牌停用一段时间，使目标暴露在后续的攻击下。

镐、锹、锄

尽管不是最有效的武器，挖掘工具能造成的伤害仍然显著高于玩家的徒手伤害。在紧急情况下，这些工具也能在数次攻击内消灭突然出现的敌对生物。然而，这些工具并不能通过任何魔咒来提升战斗功能。

使用武器消灭敌对生物是在危险环境中生存的有效方式。《我的世界》中有多种多样的武器可供选择，不同的武器适合不同的战斗场景和游戏风格。

用旗帜印上花纹的盾牌

盾牌

盾牌是一种可以抵御伤害的装备。在使用时，玩家面前的一个锥形区域是盾牌的防护范围。盾牌可以挡下近战攻击、弹射物和爆炸，完全阻挡全部伤害值而使玩家不受伤害，在面对多数伤害时不被击退，也能大幅降低爆炸带来的冲击效果。盾牌在挡下近战攻击时，还能将攻击者向后击退。

盾牌在阻挡了来自生物或疾跑中的玩家的斧的攻击后，会被停用5秒。在停用期间，盾牌不能被举起，玩家自身将暴露在受到伤害的风险中。

 ## 弩

弩是类似于弓的远距离攻击武器。与弓不同，弩需要进行上弦，不能像弓一样在不完全蓄力的状态下攻击。弩在上弦完成后就不会再影响玩家的移动速度，在下一次使用时就会立刻发射弹射物。弩可以通过附魔，获得许多独特的效果，包括减少上弦需要的时间、使弩发射的箭穿透目标或使弩一次发射多只箭。

弩的魔咒提升了弩对多个目标的杀伤力。一个拥有高级别魔咒的弩可以比弓更高的频率发射弹射物，而缺乏魔咒的弩则显著弱于缺乏魔咒的弓，因此弩是一种非常依赖魔咒的武器。

通过对箭进行改造，弩可以发射能够造成状态效果的箭，而弩对多个目标造成伤害的能力也能使这些箭对更多生物造成效果。

另外，弩可以装填烟花火箭，造成致命的范围伤害。用于合成烟花火箭的火药数量决定了其飞行距离，而其烟火之星数量决定了其爆炸伤害。

弩发射的箭在击中玩家后，发射箭的玩家会听到响亮的"叮"声。

 ## 三叉戟

三叉戟是一种独特的武器，不仅能造成可观的近战伤害，还可以通过蓄力来投掷，进行远程攻击。三叉戟是一种完全不受水的阻力影响的弹射物，因此非常适合代替箭进行水下作战。

三叉戟可以通过魔咒获得多种独特的效果。具有忠诚魔咒的三叉戟能够在命中物体时自动返回投掷者手中。具有引雷魔咒的三叉戟在雷暴天气时命中露天的生物或避雷针可以产生闪电。

激流魔咒会完全改变三叉戟的使用方式，使其不能被投掷出去。取而代之的是，当玩家处于水中或雨中时，尝试投掷三叉戟会使玩家自己与三叉戟一同被高速发射出去。由于三叉戟可以不被消耗地无限提供激流加速，激流三叉戟可以在雨天环境中作为加速鞘翅滑翔的烟花火箭代替品。

 弓

　　弓是一种强大的远距离攻击武器。在使用时，玩家会拉开弓，在蓄力后释放，将箭射出。弓可以通过附魔，来使其产生更多效果，包括造成更高的伤害，使射出的箭着火，造成更强的击退，使弓射箭时不消耗箭。弓的魔咒提升了弓对单个目标的杀伤力。

　　通过对箭进行改造，弓可以发射能够造成状态效果的箭，使其获得更多用途。

　　弓发射的箭在击中玩家后，发射箭的玩家会听到响亮的"叮"声。

> 给弩装填箭

02 盔甲

6套盔甲放在盔甲架上的样子

头盔

　　头盔是装备佩戴在第一个盔甲栏位的盔甲物品。除了提供少量的盔甲值，头盔还可以在面对下落的铁砧或下落的滴水石锥时提供防护。

　　头盔的专有魔咒是水下速掘和水下呼吸，增加玩家在水下的生存能力。

胸甲

　　胸甲是装备佩戴在第二个盔甲栏位的盔甲物品。胸甲的耐久度和其提供的盔甲值总是同类材料的盔甲中最多的一个。

　　胸甲能够在附魔台上取得荆棘魔咒，而其他类型的盔甲只能在附魔台上获得荆棘魔咒。

盔甲是一类可装备的物品。除了用于降低自身所受伤害，盔甲还可以用于提供多种特殊效果，增强玩家探索世界的能力。
生物装备任何皮革质的盔甲都能使其不受来自细雪的冰冻效果。玩家装备任何类型的金质装甲都能使猪灵不跟该玩家敌对。

护腿

护腿是装备佩戴在第三个盔甲栏位的盔甲物品。护腿的耐久度和其提供的盔甲值在同类材料的盔甲中仅次于胸甲。

在穿戴鞘翅时，由于鞘翅占用了胸甲的位置，护腿便会在这时提供最多的护甲值。

靴子

靴子是装备佩戴在第四个盔甲栏位的盔甲物品。靴子提供最少量的盔甲值，但拥有多种专有的魔咒，包括摔落保护、深海探索者、冰霜行者和灵魂疾行，增强玩家的步行探索能力。另外，皮革靴子可以使玩家能够在细雪上行走，并像攀爬脚手架一样在其中自由穿行。

 海龟壳

海龟壳是一种特殊的盔甲物品。作为一种头盔，海龟壳提供与锁链头盔和铁头盔一致的盔甲值，更高的耐久度。

装备海龟壳时，只要玩家的头部不在水中，就会获得10秒的水下呼吸效果，提供10秒额外的水下呼吸时间。

由于只要不在水中就会重置计时，这使玩家能够在水下，仅通过短暂接触空气就能显著恢复氧气状态。

> 戴上海龟壳可获得10秒水下呼吸效果

雕刻过的南瓜

雕刻过的南瓜可以被佩戴在头上。在第一人称视野中，玩家的界面会被蒙上一层黑色的轮廓，影响玩家的观察能力。

佩戴雕刻过的南瓜的唯一用途是允许玩家直视末影人而不会将其激怒。

戴上雕刻过的南瓜后的视野

6种生物头颅，其中玩家头颅只能通过创造模式物品栏或命令获取

生物头颅

僵尸、骷髅、凋灵骷髅、苦力怕的生物头颅可以通过对应生物被闪电苦力怕炸死来获取，直接杀死凋灵骷髅也有概率获得其头颅。佩戴头颅能够伪装成该生物，使其对玩家的侦测距离减小至一半。

龙首只能在末地城的末地船结构中获取，且除装饰外没有额外的效果。

附魔师：装备强化

导言

有了称手的装备，是时候给它们增加些威力了！击败怪物获取经验，然后为装备附上强大的魔咒！

01 经验

经验值来源

经验值可以通过许多不同的方式获取：

● 被玩家或玩家驯服的狼杀死的生物会掉落一定数量的经验球。

● 多数友好生物在被杀死时会掉落1~3点经验值。

● 幼年生物、蝙蝠、村民、流浪商人、铁傀儡、雪傀儡在被杀死时不会掉落经验值。

● 多数敌对生物在被杀死时会掉落5点经验值。

● 敌对生物在被杀死时如果有天然装甲，则每有一件装甲，就额外掉落1~3点经验值。

● 史莱姆和岩浆怪在被杀死时掉落的经验值取决于其体型：大型的掉落4点经验值，中型的掉落2点经验值，小型的掉落1点经验值。

● 末影螨掉落3点经验值，烈焰人、守卫者、远古守卫者、唤魔者掉落10点经验值，幼年僵尸、幼年僵尸村民、幼年溺尸、幼年尸壳、幼年僵尸猪灵掉落12点经验值，劫掠兽掉落20点经验值，凋灵掉落50点经验值。

● 玩家在死亡时会掉落等同于7倍经验等级值的经验值，但不会超过100点。

● 末影龙在第一次死亡时掉落12 000点经验值。末影水晶复活的末影龙在死亡时掉落500点经验值。

● 部分方块在被破坏时会掉落经验值。刷怪笼会掉落最多的经验值，其次是钻石矿石和绿宝石矿石，随后是青金石矿石、下界石英矿石和金矿石，第四是红石矿石，第五是煤矿石，最后是下界金矿石。

● 烧炼物品可以使熔炉存储其经验值。烧炼矿石能获得最多的经验值。在下一次从熔炉中取出产物或破坏熔炉时，熔炉中存储的经验值就会被释放出来。

● 繁殖动物可以获得少量经验值。

● 钓鱼可以获得经验值，无论钓到的物品是否是鱼。

● 与村民进行交易可以获得经验值。

● 使用砂轮去除物品的魔咒可以返还部分经验值。

● 完成进度挑战（名称为紫色、具有花边框的进度）可以获得大量经验值，但每个进度只能获取一次而不能重复完成。

经验是玩家能在各种战斗和生产活动中获得的可消耗资源，由经验值和经验等级构成。与多数游戏不同，玩家在积累经验值的过程中不会使玩家角色的强度提升。经验值是一种重要的消耗品，能通过多种方式来使用以改造玩家的物品，使其具有更强大的功能。

经验等级

经验值不能被直接使用。经验值的收集最终会增加经验等级，而随着玩家当前等级的不同，升级经验等级需要的经验值数量也不同。

随着等级的提升，提升经验等级需要的经验值会变得越来越高。16级仅是22级的一半，而22级仅是30级的一半，而30级仅是39级的一半。

由于附魔和铁砧均只消耗经验等级，而不同等级需要的经验值总量差距巨大，且附魔台至多只需要30级，而铁砧至多只能消耗39级，因此在经验等级较低时去进行物品操作会更加划算。

经验等级	达到该等级需要的总经验值	升到下一级需要的经验值	经验等级	达到该等级需要的总经验值	升到下一级需要的经验值
0	0	7	21	612	67
1	7	9	22	679	72
2	16	11	23	751	77
3	27	13	24	828	82
4	40	15	25	910	87
5	55	17	26	997	92
6	72	19	27	1089	97
7	91	21	28	1186	102
8	112	23	29	1288	107
9	135	25	30	1395	112
10	160	27	31	1507	121
11	187	29	32	1628	130
12	216	31	33	1758	139
13	247	33	34	1897	148
14	280	35	35	2045	157
15	315	37	36	2202	166
16	352	42	37	2368	175
17	394	47	38	2543	184
18	441	52	39	2727	193
19	493	57	40	2920	202
20	550	62			

02 附魔台机制

使用放置后的附魔台即可打开附魔台的交互界面。附魔台有两个槽位：容纳要附魔的物品和附魔过程中需要消耗的青金石。

当物品被放入后，附魔台的右侧就会出现3个附魔选项。每一个附魔选项都能提供一个预览，表示选择这个选项后必定会获得的魔咒。例如，将镐放入附魔台后，若一个选项出现了"时运I"的预览，那么这个选项就不能取得同魔咒的不同等级，如"时运III"，也不能取得其排斥的"精准采集"，但仍然有可能获取"耐久III"。

书架

书架是提高附魔台提供的魔咒强度的必备设施。附魔台周围有效的书架数量直接关系到附魔台能提供的魔咒选项的等级，达到15个书架时附魔台将会提供需要30经验等级的第3个附魔选项。

附魔台需要的书架必须距离附魔台2格远，书架需要和附魔台在同一高度或比附魔台高1格，且书架和附魔台之间必须是空气。位于有效位置的书架会散发出许多符文粒子飘入附魔台，就像附魔台正在从中汲取魔咒一样。

由于附魔台和书架之间必须是空气，因此降低有效书架数量的最简单的方式，就是在附魔台和书架之间放置火把，而不必拆除书架。

使用附魔台进行附魔是为没有魔咒的物品添加魔咒的基本方式。使用附魔台进行附魔的过程充满了随机性，玩家可能需要很多次尝试才能让物品获得一组预期的魔咒。

书架数量	槽位 1 等级	槽位 2 等级	槽位 3 等级
0	1~2	1~6	1~8
1	1~3	1~7	2~9
2	1~2	2~8	4~11
3	1~4	2~9	6~12
4	1~4	3~10	8~14
5	1~5	3~11	10~15
6	1~5	3~12	12~17
7	1~6	3~13	14~18
8	1~6	4~14	16~20
9	1~7	4~15	18~21
10	2~7	5~16	20~23
11	2~8	5~17	22~24
12	2~8	5~18	24~26
13	2~9	5~19	26~27
14	2~9	6~20	28~29
15	2~10	6~21	30

附魔随机种子

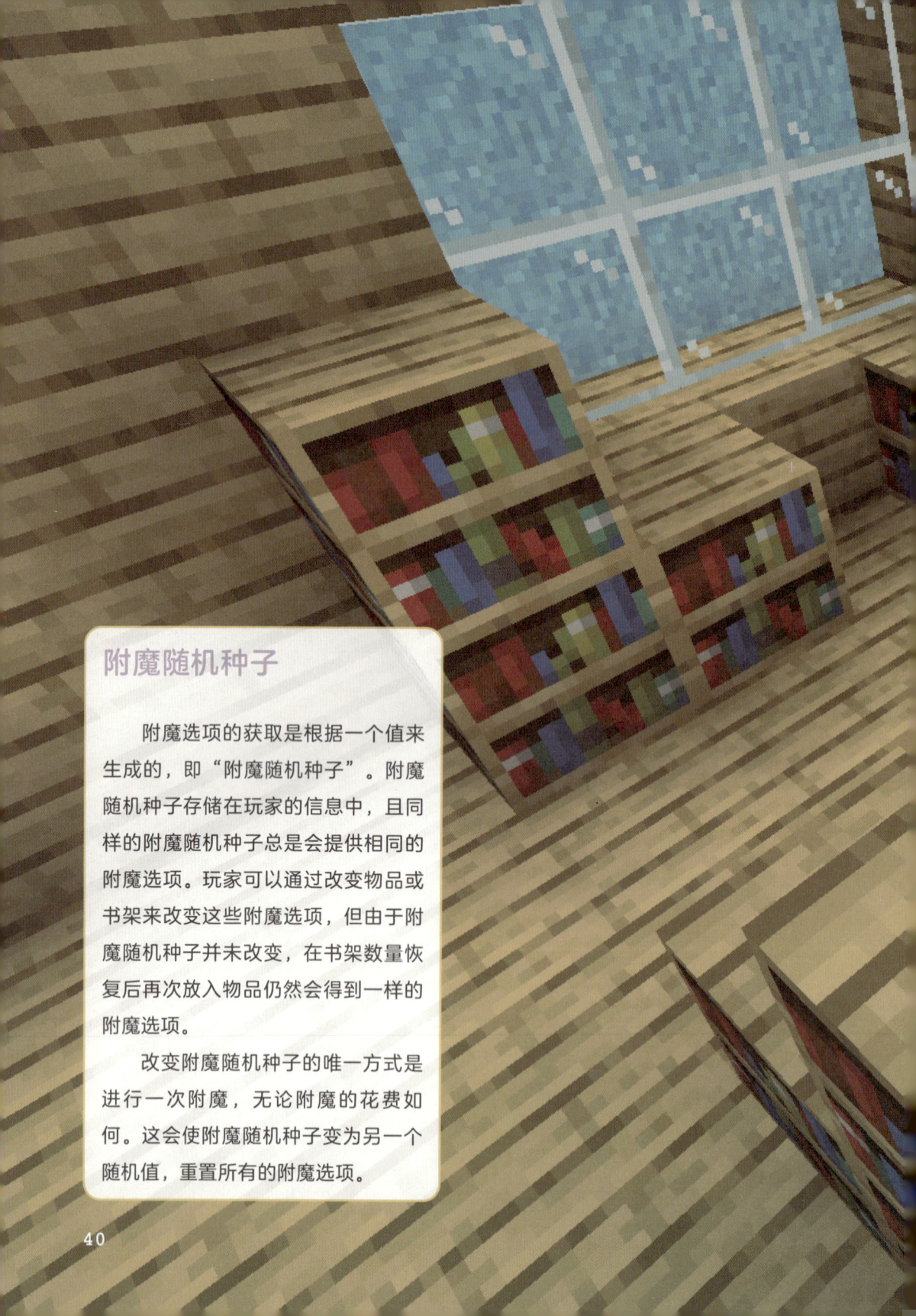

附魔选项的获取是根据一个值来生成的，即"附魔随机种子"。附魔随机种子存储在玩家的信息中，且同样的附魔随机种子总是会提供相同的附魔选项。玩家可以通过改变物品或书架来改变这些附魔选项，但由于附魔随机种子并未改变，在书架数量恢复后再次放入物品仍然会得到一样的附魔选项。

改变附魔随机种子的唯一方式是进行一次附魔，无论附魔的花费如何。这会使附魔随机种子变为另一个随机值，重置所有的附魔选项。

满级附魔台的一种常用书架布局

📕 附魔书

书可以在附魔台中被附魔，变为附魔书，可以在铁砧上使用。与物品不同，附魔书会获得显著更多的魔咒，如同时获得"保护""效率""穿透"，分别适用于盔甲、工具和弩，这增加了一本附魔书的用途，玩家可以灵活地决定将其应用到哪个物品上。

03 铁砧机制

铁砧的操作界面

　　铁砧上有两个可以分别放入目标物品和牺牲物品的槽位。左侧的目标物品格上放置需要被铁砧改造的物品，右侧的牺牲物品格上可以放一个用于决定改造方式，并在物品操作中被消耗掉的物品。

　　如果铁砧操作不合理，那么在右侧的箭头上会出现一个红叉且输出位置将为空。

　　在铁砧上进行任何操作都需要消耗经验等级。如果这个操作需要消耗超过39级的经验等级，那么这个操作就无法进行，并提示玩家"过于昂贵"。

操作数

　　在铁砧上进行任何合并物品的操作时，铁砧会增加物品的"操作数"。操作数是一个物品的隐藏变量，不会直接显示。所有物品在最开始时的操作数都是0。从铁砧的输出位置取出的物品，其操作数相比原本的物品增加了1。如果合并了两个有操作数的物品，则最终的操作数是两个物品中较高的一个操作数增加1。

　　操作数会为后续的物品操作带来巨大的惩罚。在铁砧上操作物品时，进行这次物品操作需要的经验等级会增加$2^{操作数}-1$，这被称为物品的"累积惩罚"。

　　由于铁砧不能进行成本超过39级的物品操作，一旦一个物品的操作数达到6，这个物品的累积惩罚将高达63级，因此再也不能在铁砧上进行重命名以外的任何操作。

使用铁砧对物品进行改造是对物品进行进一步精准加工的方式。不同于附魔台，铁砧的结果是精确的且不具有随机性。

使用砂轮或合成来合并物品可以消除累积惩罚，但也会使其失去所有非诅咒魔咒。

如果只重命名物品，而没有在牺牲物品位置放任何东西，则不会增加操作数。

操作数	累积惩罚
0	0
1	1
2	3
3	7
4	15
5	31
6	63

重命名

铁砧允许玩家更改物品的名称。如果在只放了目标物品而没有牺牲物品的情况下进行重命名，那么这个操作将不会导致物品的操作数增加。

仅重命名的操作的基础价格是1经验等级，并且会加上累积惩罚，但经验等级消耗不会超过39级，即使物品的操作数已经达到了6。被操作的物品的堆叠数量不影响经验等级成本，玩家可以一次重命名一整组物品。

所有的物品都可以被重命名，而命名牌必须被重命名才能使用。被重命名的箱子、潜隐箱、熔炉、酿造台、附魔台、铁砧、砂轮等置放后可以打开交互界面的方块，界面的标题会使用重命名的名称，其他的方块在放置后将失去名称。

原材料修复

一些物品可以使用材料来修复，将原材料放入牺牲物品格即可。每消耗一个物品，物品的耐久度就会恢复25%，且基础的经验等级花费增加1。

不能进行原材料修复的物品包括剪刀、弓、弩、三叉戟、打火石、钓鱼竿、胡萝卜钓竿、诡异菌钓竿。

由于会增加操作数，使用原材料修复物品是极不划算的，尤其是对于鞘翅和三叉戟这样无法制作的物品，以及只需要1个下界合金锭来制作却需要4个下界合金锭来完全修复的下界合金物品。物品在数次修复后，其累积惩罚会迅速暴涨，很快便会使物品再也无法在铁砧上操作。为物品添加经验修补魔咒是代替原材料修复的常用方式。

原材料	可以修复的物品
木板	盾牌　　木工具
皮革	皮革盔甲
圆石　黑石　深板岩圆石	石工具
铁锭	铁工具　铁盔甲　锁链盔甲
金锭	金工具　金盔甲
钻石	钻石工具　钻石盔甲
下界合金锭	下界合金工具　下界合金盔甲
幻翼膜	鞘翅
鳞甲	海龟壳

合并物品

铁砧可以合并两个相同类型的物品，或将物品与附魔书合并。只有可以被添加魔咒的物品才可以作为合并的目标物品。

进行操作时，如果目标物品的耐久度未满，且牺牲物品中不是附魔书，则目标物品会被修复。最终的物品将是两个物品的耐久度之和再加上12%的额外耐久度奖励，同时这次操作需要的经验等级价格增加2级。如果目标物品没有被修复，那么就不会增加经验等级价格。

如果牺牲物品有魔咒，那么这些魔咒就会被添加到目标物品上。对于牺牲物品上的每个魔咒：若魔咒不适用于目标物品，则魔咒将被丢弃；若魔咒与目标物品的一个魔咒互斥，则魔咒将被丢弃，同时经验等级成本增加1；若目标物品也有这个魔咒，则在等级高时覆盖目标物品的该魔咒等级，等级相同时若没有达到最高等级则使魔咒等级提升1级，否则魔咒会被忽略。成功添加了魔咒时，每个魔咒增加的经验等级价格是其成本乘数乘以原本的魔咒等级。

最终，进行操作的经验等级价格是以下每一项的总和：

- 两个物品的累积惩罚的总和。
- 重命名会有1级价格。
- 耐久度修复会有2级价格。
- 牺牲物品为目标物品添加魔咒产生的价格。目标物品上的每一个魔咒都会产生价格。若牺牲物品为附魔书，则添加魔咒的价格会降低近一半，因为制作附魔书本身也需要花费许多经验值。

物品成本乘数	附魔书成本乘数	魔咒
1	1	保护、锋利、效率、力量、忠诚、穿透
2	1	火焰保护、摔落保护、弹射物保护、亡灵杀手、节肢杀手、击退、耐久、快速装填
4	2	爆炸保护、水下呼吸、水下速掘、深海探索者、火焰附加、抢夺、时运、冲击、火矢、海之眷顾、钓饵、冰霜行者、经验修补、穿刺、激流、多重射击、横扫之刃
8	4	荆棘、精准采集、无限、绑定诅咒、消失诅咒、灵魂疾行、迅捷潜行

04 魔咒

通用魔咒

所有可以附魔的物品都能获得这些魔咒。

耐久

所有有耐久度的物品都可以获得这个魔咒，而能够在附魔台上进行附魔的物品都可以从附魔台上获取耐久魔咒。耐久魔咒的用途是使耐久度将要被消耗时，有一定的概率不会被消耗。具有耐久魔咒的物品，其预期的使用次数将增加等同于耐久等级的倍数。耐久魔咒最高可以达到III级。

经验修补

所有有耐久度的物品都可以获得这个魔咒，但不能从附魔台上获取。经验修补会为物品提供一个独特的能力：当玩家持有该物品拾取经验球时，经验球不会被用于增加玩家的经验，而是改为修复物品的耐久度。这允许了一个物品被无限地使用，而无须在铁砧上付出操作数的代价来修复。

经验修补与无限是互斥的。

消失诅咒

所有有耐久度的物品，以及磁石指针和生物头颅都可以获得这个魔咒，但不能从附魔台上获取。玩家死亡时掉落物品的过程中，具有消失诅咒的物品不会掉落，而是直接消失。这允许玩家在与其他玩家的战斗中，阻止自己的物品落入敌人手中。具有消失诅咒的物品仍然可以正常地扔出。

盔甲魔咒

若无特别说明，除鞘翅外的所有类型的盔甲物品都可以从附魔台上获得以下的魔咒。

所有的保护魔咒的最高等级都是IV。除摔落保护外的所有保护魔咒都是互斥的。不同部位盔甲物品提供的伤害减少量会叠加，但保护类型的魔咒无论如何都不能提供超过80%的伤害减少。

保护

每等级为几乎所有类型的伤害提供4%的伤害减少。无视保护魔咒的伤害包括虚空伤害和饥饿伤害。

《我的世界》中有多种多样的魔咒可以使用。其中大多数魔咒都可以从附魔台上获取，少部分"宝藏魔咒"则只能通过探索来找到获取拥有这些魔咒的附魔书或物品的机会。

爆炸保护

每等级为爆炸造成的伤害提供8%的伤害减少。同时，每等级提供15%的爆炸冲击减少。

火焰保护

每等级为火焰伤害提供8%的伤害减少，这些伤害来源包括火、熔岩、岩浆块和火焰弹。当生物被添加着火效果时，每等级会使着火的时间减少15%，不同部位的盔甲物品不会叠加该效果。

弹射物保护

每等级为弹射物伤害提供8%的伤害减少，这些伤害来源包括箭、三叉戟、小火球、火球、羊驼唾沫、潜影弹、鸡蛋、末影珍珠、雪球。

摔落保护

适用于靴子的魔咒，每等级为摔落伤害提供12%的伤害减少。不与其他保护魔咒互斥。

荆棘

所有盔甲都可以被添加这个魔咒，但只有胸甲能够从附魔台上获取这个魔咒。当穿着具有荆棘魔咒盔甲的生物受到任何方式的攻击时，每等级增加15%的对攻击者造成1~4伤害的概率。成功造成了荆棘伤害，还会对盔甲产生一次3耐久度的消耗。

荆棘最高可以达到III级，但只能通过合并两个荆棘II，或者与村民交易或钓鱼来获取。

水下速掘

适用于头盔的魔咒，移除头部处于水中时的5倍挖掘时间惩罚。

水下呼吸

适用于头盔的魔咒，每等级15秒的水下呼吸时间，且受到溺水伤害时随等级提升而增加不受一次伤害的概率。最高可达到III级。

冰霜行者

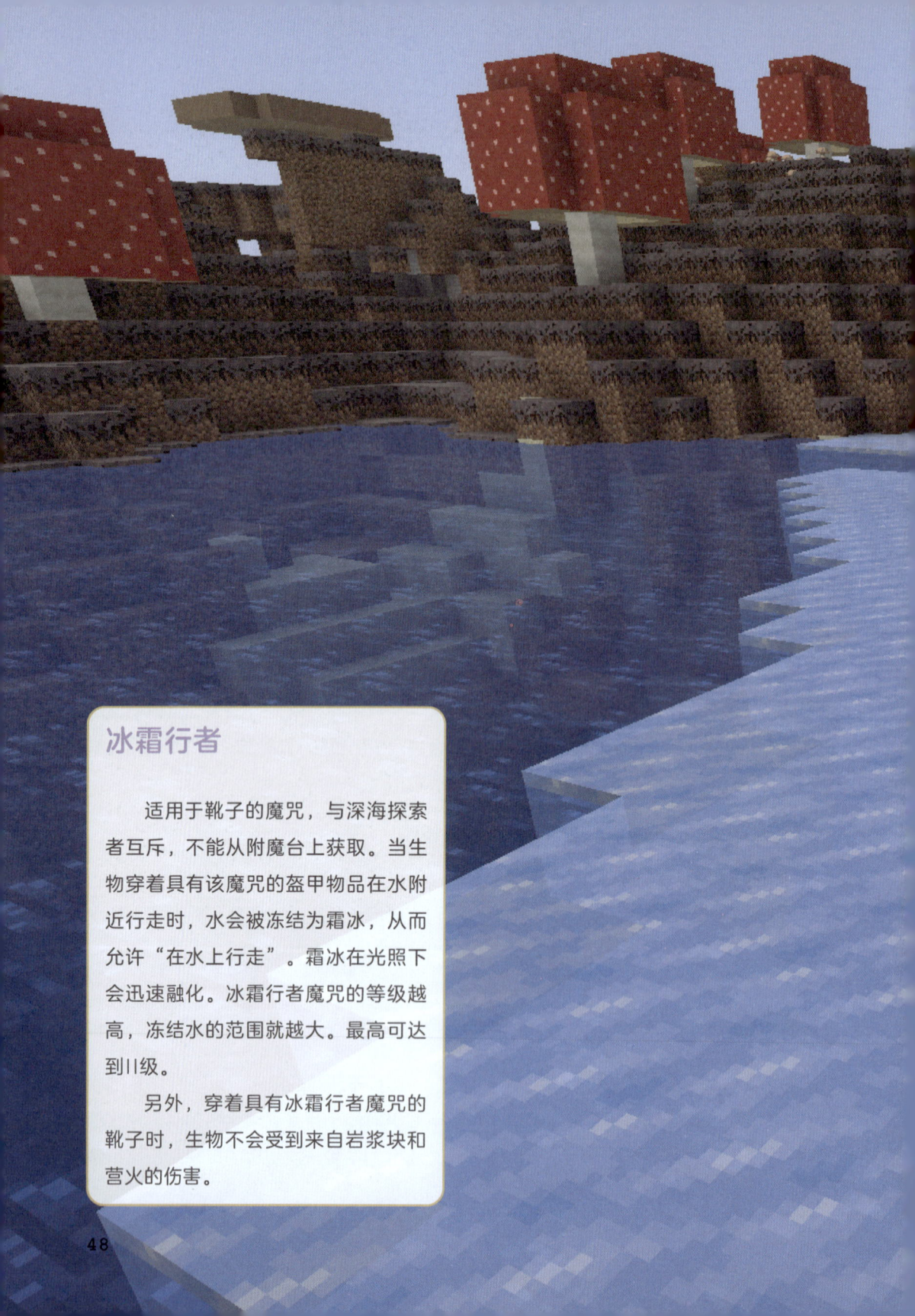

适用于靴子的魔咒，与深海探索者互斥，不能从附魔台上获取。当生物穿着具有该魔咒的盔甲物品在水附近行走时，水会被冻结为霜冰，从而允许"在水上行走"。霜冰在光照下会迅速融化。冰霜行者魔咒的等级越高，冻结水的范围就越大。最高可达到II级。

另外，穿着具有冰霜行者魔咒的靴子时，生物不会受到来自岩浆块和营火的伤害。

冰霜行者附魔靴在水面上产生一层霜冰

深海探索者

适用于靴子的魔咒，与冰霜行者互斥。这个魔咒能增加穿戴者在水下的移动速度，抵消水对移动速度的降低，同时降低水对其的推动强度。魔咒等级越高，移动速度越快，在达到最高等级III级时，在水下的移动速度会和在陆地上一样快。

灵魂疾行

适用于靴子的魔咒，只能与猪灵以物易物或在堡垒遗迹的箱子中获得该魔咒的附魔书。使穿戴者在灵魂沙和灵魂土上的移动速度显著增加，同时移除灵魂沙带来的速度惩罚。等级越高，加速程度就越高，最高可达到III级。

迅捷潜行

适用于护腿的魔咒，只能在远古城市的箱子中获得具有该魔咒的物品。显著提升潜行时的移动速度，每等级使玩家潜行时的移动速度增加15%的步行速度，最高能达到III级。

绑定诅咒

适用于所有盔甲物品，以及生物头颅和雕刻过的南瓜的魔咒，不能从附魔台上获取。具有该魔咒的物品被玩家穿戴后无法脱下，但仍然可以在死亡时掉落。

挖掘工具魔咒

专门用于进行挖掘的工具，包括镐、斧、锹和锄，可以从附魔台上获得这些魔咒。

效率

增加挖掘方块的速度，降低挖掘时间。每等级增加等级的平方倍数的挖掘速度。达到瞬间破坏速度后能极快速地大片挖掘方块。最高可达到V级。

剪刀可以通过附魔台获取该魔咒。

时运

增加挖掘方块后，方块掉落的资源数量，与精准采集互斥。时运魔咒可以提升从矿石中能获得的矿物数量，增加从草丛中获得的种子数量，增加农作物掉落的种子数量，增加从树叶中获得的资源数量，以及使部分有概率不掉落的方块降低其不掉落的概率。最高可达到III级。

精准采集

使多种被破坏掉落其他物品而不是掉落自身的方块，在被挖掘后掉落自身。与时运互斥。

近战武器魔咒

剑可以从附魔台上获得以下魔咒。斧可以通过铁砧来获取锋利、亡灵杀手或节肢杀手。

锋利、亡灵杀手和节肢杀手是互斥的。

锋利

增加武器每次近战攻击的伤害。锋利I增加1伤害，之后的等级将每级增加0.5伤害。锋利最高可达到V级，但除金剑外的物品需要通过合并两个锋利IV才能获得锋利V。

> 用时运附魔镐开采钻石矿石来提高钻石产量

> 火焰附加附魔剑的攻击效果

亡灵杀手

增加武器对亡灵生物的每次近战攻击的伤害，每等级增加2.5伤害。

节肢杀手

增加武器对节肢生物的每次近战攻击的伤害，每等级增加2.5伤害，同时还会对其造成短时间的缓慢IV效果。

火焰附加

使受到近战攻击的目标着火。每等级增加4秒着火时间。最高可达到II级。

击退

使受到近战攻击的目标承受额外的击退强度。每等级增加3米击退距离。最高可达到II级。

抢夺

增加生物的常见掉落物数量，使少见掉落物、稀有掉落物和装备的掉落概率提升。更高等级可带来更多的掉落物。最高可达到III级。

横扫之刃

增加剑的横扫攻击伤害。没有该魔咒的剑的横扫伤害仅有1，具有该魔咒I/II/III级的剑能使横扫之刃的伤害分别增加50%/67%/75%的武器基础伤害。武器的基础伤害包括了锋利、亡灵杀手和节肢杀手增加的伤害。最高可达到III级。

弓魔咒

以下魔咒专用于弓，并均可在附魔台上获取。

弓的魔咒增加弓对单个目标的杀伤力，与同时打击多个目标的弩相对。

力量

增加发射的箭造成的伤害。力量I可使伤害增加50%，之后的每一级增加25%。最高可达到V级。

火矢

使弓发射的箭在发射时就是着火的。以这种方式发射的着火箭与发射后被其他方式点燃的箭没有区别，并且可以被雨或水熄灭。

冲击

增加弓发射的箭对其命中目标的击退距离。每等级增加3米击退距离。最高可达到II级。

火矢附魔弓的攻击效果

无限

使弓在发射普通的箭时不会将其消耗，允许无限次数的发射。玩家仍然需要携带至少一个箭来使用弓。对药水箭和光灵箭无效。与经验修补互斥。

弩魔咒

以下魔咒专用于弩，并均可在附魔台上获取。

弩的魔咒提升了弩同时攻击多个目标的能力，与专精于打击单一目标的弓相对。穿透和多重射击是互斥的。

快速装填

每等级为弩降低0.25秒的装填时间。最高可达到III级，此时的弩只需要0.5秒就能完成装填，低于弓完全拉开需要的时间。

穿透

每等级增加射出的箭能够穿透的目标数量。箭默认穿透0个生物（即不能穿透），穿透等级在提升穿透数量的同时，只要箭剩余可穿透的生物数量至少有1，箭就可以穿透并击中举盾的玩家。没有耗尽穿透数量的箭在对生物造成伤害后仍然可以插在方块上并被回收，从而允许一支箭被无限使用。最高可达到III级，此时射出的每支箭至多可以伤害4个生物。对烟花火箭没有效果。

多重射击

　　使每次装填时装入3个弹射物，但只消耗一个物品。由于装入了3个物品，弩的耐久度消耗会变为3倍。发射时，3个弹射物会一同射出，且其中2个弹射物会分别向左侧和右侧偏离5度，不能回收。多重射击发射的箭只有中间的那一个是可以被回收的，通过只用外侧的箭攻击目标，并回收落地的中间的箭，箭可以被无限使用。多重射击同样可以复制烟花火箭。

三叉戟魔咒

　　以下魔咒专用于三叉戟，并均可在附魔台上获取。
　　激流与忠诚和引雷互斥，而忠诚与引雷并不互斥。

引雷附魔三叉戟在雨天通过召唤闪电将苦力怕转化为闪电苦力怕

穿刺

　　增加三叉戟对水生生物的伤害，每等级增加2.5伤害，无论是近战还是投掷。最高可达到V级。

忠诚

　　使投掷出去的三叉戟在击中方块后自动返回到投掷者手中。等级越高，返回速度越快。若玩家物品栏已满，返回的三叉戟会在玩家周围盘旋，直到物品栏有位置可以容纳三叉戟。最高可达到Ⅲ级。

引雷

　　使投掷出去的三叉戟在雷暴天气时，击中露天的生物或避雷针后，在该位置生成闪电。许多生物在被闪电击中时都有独特的效果，而引雷提供了可靠的闪电来源。

激流

完全改变三叉戟的使用方式。激流魔咒使三叉戟不能被投掷，取而代之的是，当玩家处于雨中或水中时，玩家会像扔出三叉戟一样将自身发射出去。激流对三叉戟没有消耗，能够无限使用，因此激流三叉戟可以作为加速鞘翅的烟花火箭代替品。魔咒等级越高，加速强度就越高，最高可达到III级。

钓鱼竿魔咒

专用于钓鱼竿，并均可在附魔台上获取。

海之眷顾

每等级增加2%钓到宝藏的概率，因此也略微降低了钓到鱼或垃圾的概率。最高可达到III级。

钓饵

每等级降低5秒咬钩前的等待时间。

在雨中使用激流附魔三叉戟的效果

出击时间到：敌对生物与战斗技巧

导言

了解完战斗机制和武器的打造与强化方法，你还需要知道游戏里形形色色的敌对生物的生成条件与行为模式，以便提高自己在战斗当中的生存能力，这样在攻略各种结构时才能更加得心应手，在缺乏某些生物资源时也能够更快、更加有针对性地在战斗当中完成收集。

尽管我们讲到了许多优质装备和武器的打造方法，但在实际游戏流程中，你并不需要急于进行这些升级。在生存前期，你所遇到的敌对生物基本上都是

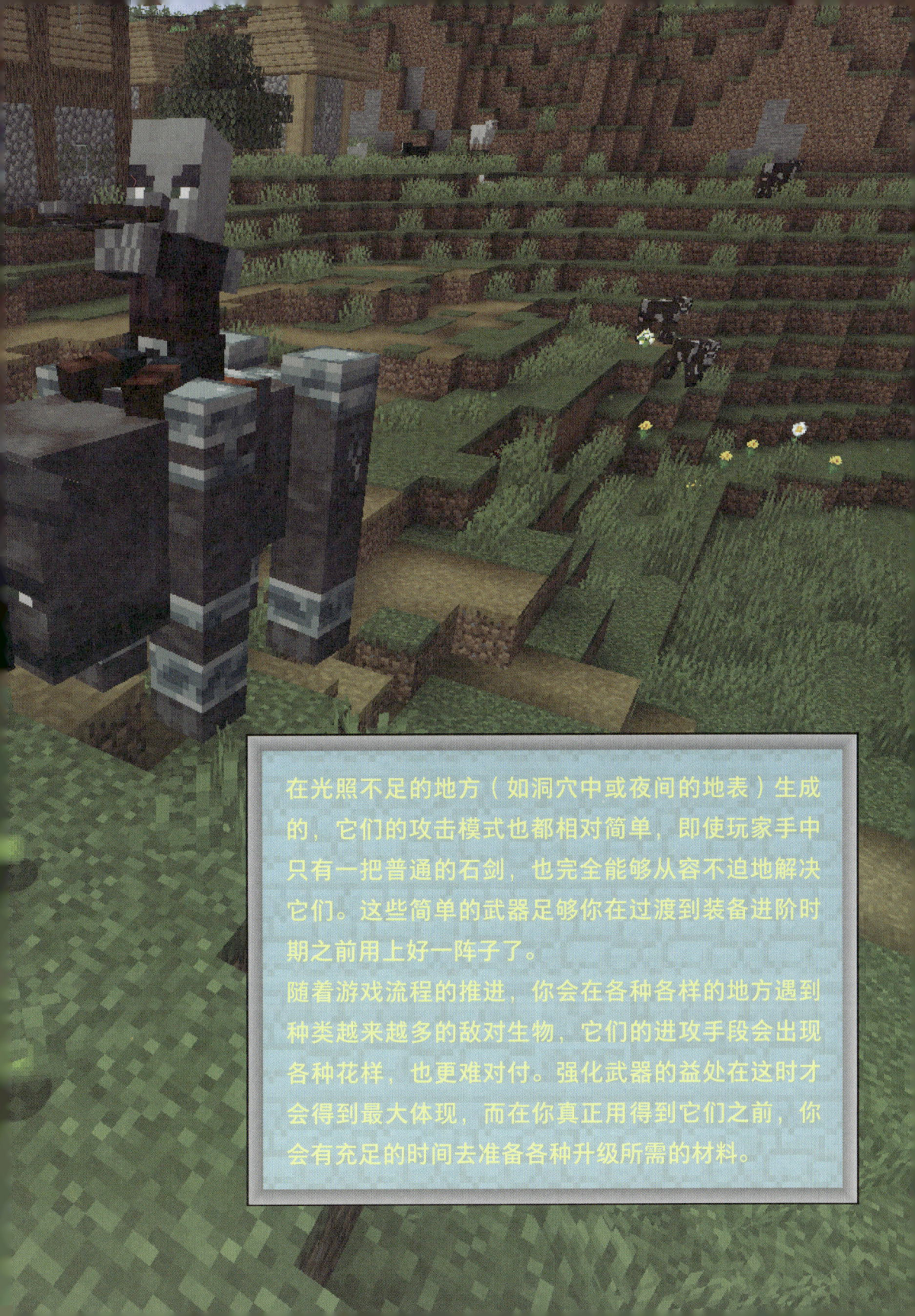

在光照不足的地方（如洞穴中或夜间的地表）生成的，它们的攻击模式也都相对简单，即使玩家手中只有一把普通的石剑，也完全能够从容不迫地解决它们。这些简单的武器足够你在过渡到装备进阶时期之前用上好一阵子了。

随着游戏流程的推进，你会在各种各样的地方遇到种类越来越多的敌对生物，它们的进攻手段会出现各种花样，也更难对付。强化武器的益处在这时才会得到最大体现，而在你真正用得到它们之前，你会有充足的时间去准备各种升级所需的材料。

01 亡灵生物

洞穴中的僵尸

僵尸

生物	攻击模式	稀有度	危险程度	主要掉落物
僵尸	近战	常见	低	腐肉

敌对生物中有相当一部分都属于亡灵生物。此类生物以生物亡体为外貌特征，主要共性包括能够被治疗药水伤害、被伤害药水治疗，其中部分生物还会在受到阳光直射时发生自燃。对付此类生物的有效方法就是使用亡灵杀手附魔武器，这样可以对它们造成可观的额外伤害。另外，本节只会介绍主世界中的亡灵生物，下界中的亡灵生物会与其他下界生物一同介绍。

僵尸是一种常见的亡灵生物，也是以光照不足为生成条件的生物之一。它们移动速度较慢，且只会进行近战攻击。

但僵尸也会在特定条件下聚集成群。僵尸有主动寻找并攻击村民的倾向，所以村庄在晚上很容易会吸引大量僵尸。另外僵尸会在受到攻击时把附近的其他僵尸吸引过来，然后一同向你发动攻击，而且在困难难度下，部分僵尸拥有在受到攻击时在周围生成增援僵尸的能力。

如果遇到成群的僵尸时要避免被它们包围，可以与它们拉开足够远的距离，然后使用弓箭等远程攻击手段逐个解决。使用近战攻击则需要时刻注意身后的情况，防止被偷袭。

僵尸暴露在阳光下时会自燃，此时它们会寻找阴影或水源来避免烧伤，但仍会优先向你发起攻击，要注意燃烧的僵尸攻击你时也会使你着火。少数僵尸在生成时装备盔甲，而且戴有头盔的僵尸能够避免被阳光烧伤。

僵尸有时会生成为幼年变种，体型会更小，移动速度会更快，遇到时应当尽可能优先解决。

沙漠中的尸壳

尸壳

生物	攻击模式	稀有度	危险程度	主要掉落物
尸壳	近战	仅沙漠生物群系	中	腐肉

  尸壳是僵尸在沙漠生物群系中生成的变种，行为模式与普通僵尸基本相同，但会在攻击时给予目标一定时间的饥饿效果，而且它们暴露在阳光下时不会燃烧。

  僵尸和尸壳主要会掉落腐肉，另有小概率会掉落铁锭、胡萝卜和马铃薯。

要塞中的僵尸村民，职业为渔夫

僵尸村民

生物	攻击模式	稀有度	危险程度	主要掉落物
僵尸村民	近战	罕见	低	腐肉

　　僵尸村民是有着村民外形的变种僵尸，有小概率会代替普通村民生成，被僵尸杀死的村民也有概率会转化成僵尸村民。僵尸村民的行为与普通村民基本相同，但可以被治愈成村民。对僵尸村民掷出虚弱喷溅药水并喂食金苹果，它就会在几分钟后恢复成村民的形态，在此期间它的攻击力会因受状态影响而提高。治愈期间最好把僵尸村民关在安全的地方，以防治愈后受到僵尸攻击。虽然僵尸村民可能会穿有各类职业服装，它们会在被治愈后失去职业，然后通过寻找工作站点方块来获得新的职业，而且提供的交易将会永久打折。

溺尸是僵尸在水下生成的变种，会在海洋和河流的黑暗处自然生成，也会在海底废墟的周围出现。沉入水底的僵尸会在数十秒后转化为溺尸，而尸壳在水下会先转化为僵尸，再转化为溺尸。

普通僵尸入水后只会一直下沉，无法游泳，但溺尸可以在水下自由移动。溺尸的攻击模式以近战为主，但少数溺尸会在生成时携带三叉戟，并且拥有远程攻击能力。在白天，溺尸只会在你进入水中时对你产生敌意；而在晚上，无论你是否在水中，溺尸都会对你产生敌意，它们甚至有可能会来到地面上攻击你。

溺尸和僵尸一样不难对付。但持有三叉戟的僵尸能够造成较高的远程攻击伤害，需要一定的走位才能顺利近身，不建议在装备不佳时轻易招惹它们。获得三叉戟之后，你就可以在水下远程攻击对付它们了。

溺尸主要掉落腐肉，还有较小的概率会掉落铜锭。持有鹦鹉螺壳的溺尸必定掉落鹦鹉螺壳，持有三叉戟的僵尸会有小概率掉落三叉戟。

溺尸

生物	攻击模式	稀有度	危险程度	主要掉落物
溺尸	近战/远程	仅水下	中	腐肉、铜锭、三叉戟

水下的溺尸

洞穴中的骷髅

骷髅

生物	攻击模式	稀有度	危险程度	主要掉落物
骷髅	远程	常见	偏低	骨头、箭、弓

　　骷髅和僵尸一样，是常见的亡灵生物之一，也同样会在光照不足的条件下生成，但持有弓箭，以远程攻击为主。

　　对付骷髅可以使用和对付手持三叉戟的溺尸类似的方法，先螺旋接近躲开射击，然后攻击。另外要避免下水用近战攻击对付泡在浅水里的骷髅，因为水会拖慢你的移动速度，让你很难躲开骷髅的射击。拥有弓箭等远程攻击武器后，你就可以借此"还治其身"了，这样也比近战对付它们容易许多。

　　骷髅会受到狼的主动攻击并且会逃离它们，如果担心被骷髅偷袭，可以驯服几匹狼带在身边。

> 寒冷生物群系中的流浪者

流浪者

生物	攻击模式	稀有度	危险程度	主要掉落物
流浪者	远程	仅降雪生物群系	中	骨头、箭、弓

　　在积雪的平原等多种能够降雪的生物群系当中，大部分骷髅会由流浪者取代生成，它们射出的箭可以使目标受到30秒缓慢效果的影响。尽管如此，对付骷髅的手段对它们也很有效。

　　骷髅主要会掉落箭和骨头，小概率会掉落手中的弓，流浪者还有可能会掉落迟缓之箭。

幻翼

生物	攻击模式	稀有度	危险程度	主要掉落物
幻翼	飞行＋近战	常见（熬夜时）	中	幻翼膜

几只在高空飞行的幻翼

　　幻翼是一种能够飞行的亡灵生物,会在你连续3个游戏日没有在床上睡觉时在夜晚的空中生成。你越久没有睡觉,幻翼就生成得越频繁。
　　幻翼会在空中盘旋,然后俯冲下来咬你,再飞回空中。可以在它向你冲来时找准时机用剑砍它,砍中后它会逃回空中。但幻翼的飞行速度可能会非常快,导致你很难对它造成近战伤害,所以更建议使用弓箭等远程武器来对付它。躲在方块下方可以防止幻翼生成。
　　猫可以驱赶幻翼,可以站在猫的身边来防止幻翼接近你。
　　幻翼会掉落幻翼膜,可以用来酿造缓降药水和修补鞘翅。

02 节肢生物

废弃矿井中的蜘蛛

蜘蛛

生物	攻击模式	稀有度	危险程度	主要掉落物
蜘蛛	近战	常见	低	线、蜘蛛眼

属于节肢生物的敌对生物包括蜘蛛、洞穴蜘蛛、蠹虫和末影螨，它们会受到节肢杀手附魔武器造成的额外伤害。另外蜜蜂也属于节肢生物，但它们并非敌对生物。

蜘蛛是最常见的一种节肢生物，和其他多种敌对生物一样会在光照不足的条件下生成。蜘蛛的体型矮而宽，能够爬上竖直的墙面，会在接近你时向你跳扑过来攻击你。

蜘蛛的动作比较笨拙，且血量略低于僵尸、骷髅等常见怪物，所以很好对付，在它跳扑的时候攻击它即可。在没有阳光的环境下，蜘蛛会与你保持敌对；而在阳光充足的环境下，蜘蛛并不会主动攻击你。

蜘蛛会掉落线和蜘蛛眼，其中蜘蛛眼只有手动杀死蜘蛛时才有概率掉落，因摔落等环境因素死亡的蜘蛛不会掉落。

洞穴蜘蛛的外形和普通蜘蛛相似，但体型很小，可以钻过一格宽的缝隙，且只能由废弃矿井中的刷怪笼生成。

洞穴蜘蛛的攻击模式与普通蜘蛛相同，但会额外造成数秒的中毒效果。而且它们能够在废弃矿井密布的蜘蛛网里自由穿梭而不受减速影响（普通蜘蛛也不会），可以说比其他怪物难缠得多，有条件的话尽可能用节肢杀手附魔武器一击杀死它们吧。遇到洞穴蜘蛛的刷怪笼时要及时点亮周围，因为成群的洞穴蜘蛛对付起来会很麻烦。

洞穴蜘蛛的掉落物也和普通蜘蛛相同。

由刷怪笼刷出的洞穴蜘蛛

洞穴蜘蛛

生物	攻击模式	稀有度	危险程度	主要掉落物
洞穴蜘蛛	近战	仅刷怪笼	中	线、蜘蛛眼

> 由刷怪笼刷出的蠹虫

蠹虫

生物	攻击模式	稀有度	危险程度	主要掉落物
蠹虫	近战	仅山地、刷怪笼	中	无

　　蠹虫是一种体型微小的节肢生物，会蛀蚀一些石类方块并藏匿其中。被虫蚀的方块会生成在高山类生物群系的岩层中和要塞的墙面上，其外观与被蛀蚀前无异，但空手也能轻松破坏，使用工具也只需消耗一半时间破坏，破坏后会生成蠹虫。

　　蠹虫只会近战攻击，血量低，且移动速度较慢，单独的个体很容易对付。但蠹虫会在受伤时把周围藏在方块里的其他个体召唤出来，一旦数量过多也会比较麻烦。一击杀死蠹虫可以阻止其召唤增援，为此可以使用附魔锋利或节肢杀手的钻石剑。

　　空闲时，蠹虫会寻找石类方块并藏入其中，形成被虫蚀的方块。

　　要塞的传送门房间里会生成蠹虫的刷怪笼，但蠹虫没有掉落物，经验收益也不多，所以利用价值较低，可以直接破坏掉。

使用末影珍珠
产生的末影螨

末影螨

生物	攻击模式	稀有度	危险程度	主要掉落物
末影螨	近战	罕见	低	无

末影螨也是一种体型微小的节肢生物，它们有小概率在使用末影珍珠时生成。

末影螨同样只会近战攻击，但不会像蠹虫那样成群出现，所以基本不会造成威胁。

末影人会主动攻击末影螨，这一特性常常被用于制作末影人的刷怪农场。

03 灾厄村民

　　部分灾厄村民身上会背有一面灾厄旗帜，作为袭击队长出现。击杀在袭击事件以外生成的袭击队长可以获得长时间的"不祥之兆"效果，携带此效果进入村庄即可触发并挑战袭击事件。

　　虽然恼鬼不属于灾厄村民，社区中也有说法认为劫掠兽在Java版中不属于灾厄村民，但它们与其他灾厄村民仍然存在密切的联系，所以我们会把这两种生物放在此章介绍。

掠夺者

生物	攻击模式	稀有度	危险程度	主要掉落物
掠夺者	远程	主要出现于袭击事件中	低	弩

灾厄村民是一类外貌类似村民的敌对生物，出现在林地府邸、掠夺者前哨站以及袭击事件等场景当中。它们在设定上属于村民的敌人，除了对玩家敌对还会主动攻击村民和铁傀儡，破坏村庄。在Java版中，敲钟可以使附近的灾厄村民及其他参与袭击的生物获得短时间的发光效果。

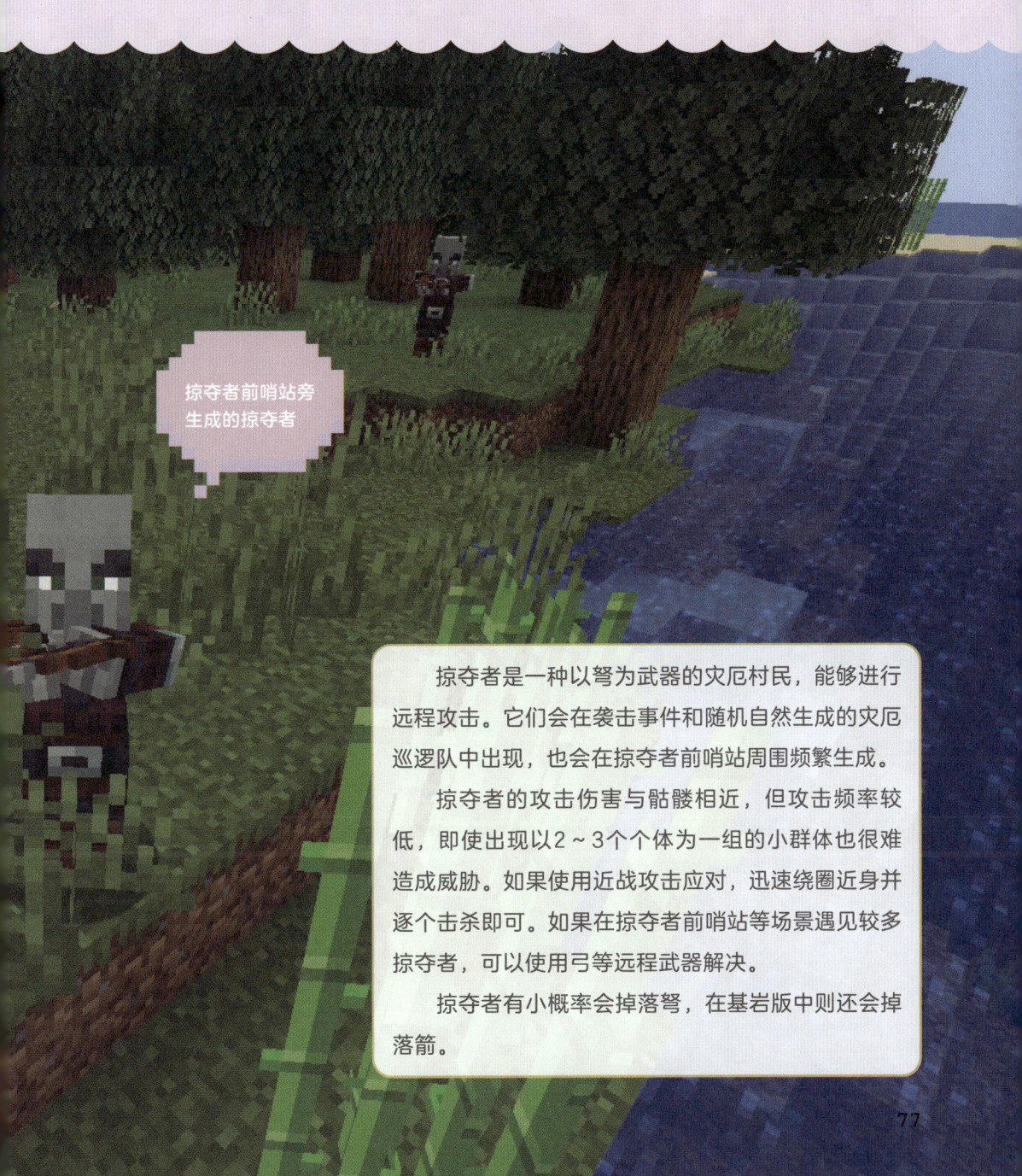

掠夺者前哨站旁生成的掠夺者

掠夺者是一种以弩为武器的灾厄村民，能够进行远程攻击。它们会在袭击事件和随机自然生成的灾厄巡逻队中出现，也会在掠夺者前哨站周围频繁生成。

掠夺者的攻击伤害与骷髅相近，但攻击频率较低，即使出现以2~3个个体为一组的小群体也很难造成威胁。如果使用近战攻击应对，迅速绕圈近身并逐个击杀即可。如果在掠夺者前哨站等场景遇见较多掠夺者，可以使用弓等远程武器解决。

掠夺者有小概率会掉落弩，在基岩版中则还会掉落箭。

卫道士正在追赶村民

卫道士

生物	攻击模式	稀有度	危险程度	主要掉落物
卫道士	近战	主要出现于袭击事件中	高	绿宝石

卫道士是一种以铁斧为武器的灾厄村民，会出现在袭击事件当中。林地府邸里也会生成卫道士，但此处的卫道士被击杀后并不会生成新的个体。

卫道士移动速度较快，且能够造成很高的近战伤害，是一种比较危险的敌对生物，在装备伤害低下或没有自信的情况下应避免与之近战对抗。可以在较远处射箭，在它们接近你之前将其击杀。

卫道士会掉落绿宝石，另有小概率会掉落铁斧。

如果用命名牌将卫道士命名为"Johnny"，它会攻击遇到的几乎所有生物，不包括灾厄村民和恶魂。

> 唤魔者的
> 尖牙攻击

唤魔者、恼鬼

生物	攻击模式	稀有度	危险程度	主要掉落物
唤魔者、恼鬼	法术、召唤	主要出现于袭击事件中	高	不死图腾、绿宝石

　　唤魔者是一种以召唤尖牙和恼鬼为攻击手段的灾厄村民，会出现在袭击事件当中。和卫道士一样，林地府邸里也会生成唤魔者，但它们被击杀后并不会生成新的个体。

　　唤魔者一般不会主动接近攻击目标，它们会通过挥舞双臂来召唤尖牙和恼鬼。其中尖牙会在唤魔者施法后从地面钻出，造成无视盔甲保护的伤害。尖牙有线形和圈形两种排列模式，分别会在攻击目标距唤魔者较远和较近时使用。

唤魔者一次可以在周围召唤3只恼鬼。恼鬼手持铁剑，能够自由穿过方块，然后突然冒出来攻击你，且造成的伤害不低。虽然恼鬼会在被召唤出来的几分钟内自动死亡，但它们神出鬼没的行动方式足以在这段时间内消耗你一大半精力。

对付唤魔者要尽可能使用远程攻击在远处精准而迅速地解决它，不给它施法的机会，否则它召唤出的恼鬼会不断骚扰你，给你造成不小的压力。遭遇恼鬼时可以迅速远离唤魔者逃到空旷的地方，警惕周围的环境，在它们冒出时迅速反击。

唤魔者必定会掉落不死图腾，另有概率会掉落绿宝石。恼鬼则只会掉落一些经验。

唤魔者召唤恼鬼

驮着掠夺者的劫掠兽，生成在袭击事件当中

劫掠兽

生物	攻击模式	稀有度	危险程度	主要掉落物
劫掠兽	近战	主要出现于袭击事件中	高	鞍

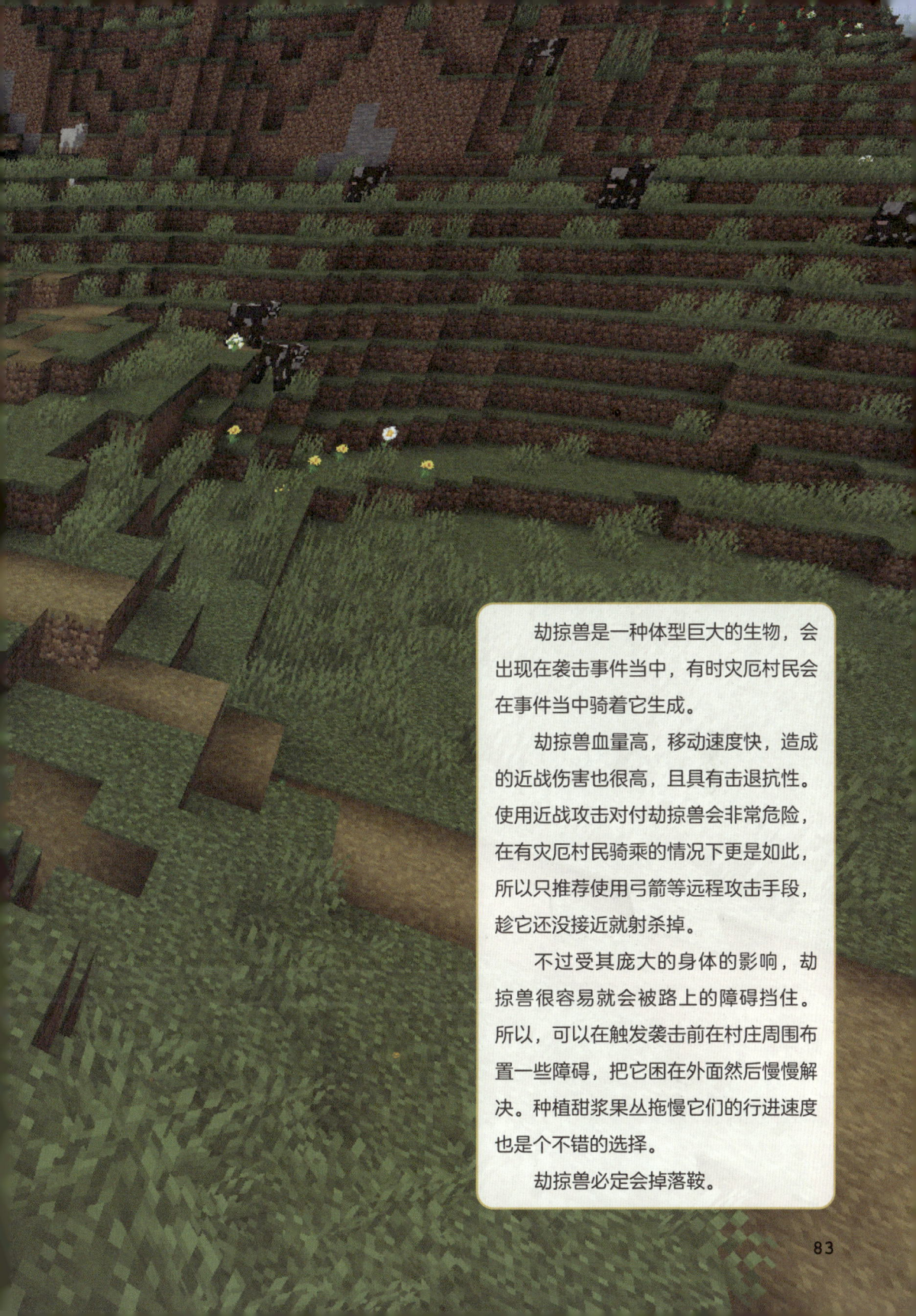

劫掠兽是一种体型巨大的生物，会出现在袭击事件当中，有时灾厄村民会在事件当中骑着它生成。

　　劫掠兽血量高，移动速度快，造成的近战伤害也很高，且具有击退抗性。使用近战攻击对付劫掠兽会非常危险，在有灾厄村民骑乘的情况下更是如此，所以只推荐使用弓箭等远程攻击手段，趁它还没接近就射杀掉。

　　不过受其庞大的身体的影响，劫掠兽很容易就会被路上的障碍挡住。所以，可以在触发袭击前在村庄周围布置一些障碍，把它困在外面然后慢慢解决。种植甜浆果丛拖慢它们的行进速度也是个不错的选择。

　　劫掠兽必定会掉落鞍。

04 其他主世界生物

洞穴中的
苦力怕

苦力怕

生物	攻击模式	稀有度	危险程度	主要掉落物
苦力怕	爆炸	常见	高	火药

苦力怕是一种以自爆为攻击手段的生物，也是以光照不足为生成条件的敌对生物之一。

　　苦力怕能够在几乎不发出任何声音的情况下接近你，然后在你旁边发出一阵嘶嘶声并爆炸。爆炸会在原地留下一个弹坑，在非常近的距离下被炸到几乎必死无疑，即使装备全套盔甲也很可能被炸到残血，所以苦力怕的攻击方式极具威胁性。

　　不过苦力怕和僵尸、骷髅这些敌对生物差不多一样常见，所以要尽可能熟练掌握对付它们的技巧。如使用近战攻击，打中苦力怕后要立即后退几步拉开距离以防爆炸，再循环几次这样的攻击直至解决，但注意不要连续攻击而不后退。当然，有条件使用远程攻击的话会更好。

　　苦力怕被闪电击中后，身边会出现环绕的蓝色电弧，成为闪电苦力怕。这种苦力怕的爆炸伤害极高，留下的弹坑也更大，威胁大大增加，但也极少在自然条件下出现。被闪电苦力怕炸死的僵尸、骷髅、苦力怕和凋灵骷髅会掉落头颅。

　　苦力怕会掉落火药，被骷髅射杀后则会掉落12种音乐唱片之一。

搬起泥土
的末影人

末影人

生物	攻击模式	稀有度	危险程度	主要掉落物
末影人	近战	较罕见	中	末影珍珠

末影人是一种能够瞬移的生物，也是以光照不足为生成条件的生物之一。除了主世界，下界中以诡异森林为主的几个生物群系以及整个末地当中也都会生成末影人。

末影人一般会保持中立状态，攻击它或者用十字准星对准它的头部会将其激怒。被激怒的末影人会迅速接近并攻击你，其间还会四处随机瞬移，躲避你的攻击，有一定的威胁性，所以不建议在装备条件不佳的情况下轻易激怒它们。

末影人会在被弹射物击中之前瞬移走，所以你只能使用近战攻击对付它们。不过末影人有两个弱点，一是身高将近3格，二是会在接触水时受到伤害并瞬移走。所以，可以躲在2格高的空间里安全击杀它们，也可以躲在水里避免被它们追杀，或者倒水赶跑它们。

末影人有时还会搬起一些软质方块，然后过一段时间放在别处。

末影人会掉落末影珍珠，可用于传送，也可用于合成末影之眼。

> 史莱姆生成在地下，意味着此处存在史莱姆区块

史莱姆

生物	攻击模式	稀有度	危险程度	主要掉落物
史莱姆	近战	较罕见	低	黏液球

史莱姆是一种能够分裂的生物。

史莱姆有两种生成方式。第一种是在沼泽当中随月相盈亏生成，满月时生成最频繁。第二种是无视亮度在"史莱姆区块"Y坐标小于40的区域当中生成，此类区块的分布和世界的种子有关，比例约占全部区块的1/10，通常地下出现史莱姆意味着周围存在史莱姆区块。

史莱姆有大、中、小三种尺寸，每只大型和中型的史莱姆死后都会分裂成2~4只小一级的史莱姆，小型史莱姆则不会再继续分裂。它们会以弹跳为移动方式，越大的史莱姆跳得越远。

史莱姆会对接触到的目标持续造成伤害，但小型史莱姆不会造成伤害。战斗时可以就近优先攻击大型和中型史莱姆，最后再解决不会造成伤害的小型史莱姆。同时要注意避免被它们围困，否则持续接触史莱姆会迅速受到大量伤害。

史莱姆会掉落黏液球，主要可用于合成黏性活塞、拴绳和黏液块。

> 沼泽小屋中的女巫

女巫

生物	攻击模式	稀有度	危险程度	主要掉落物
女巫	法术	罕见	低	各类酿造原料、多种药水

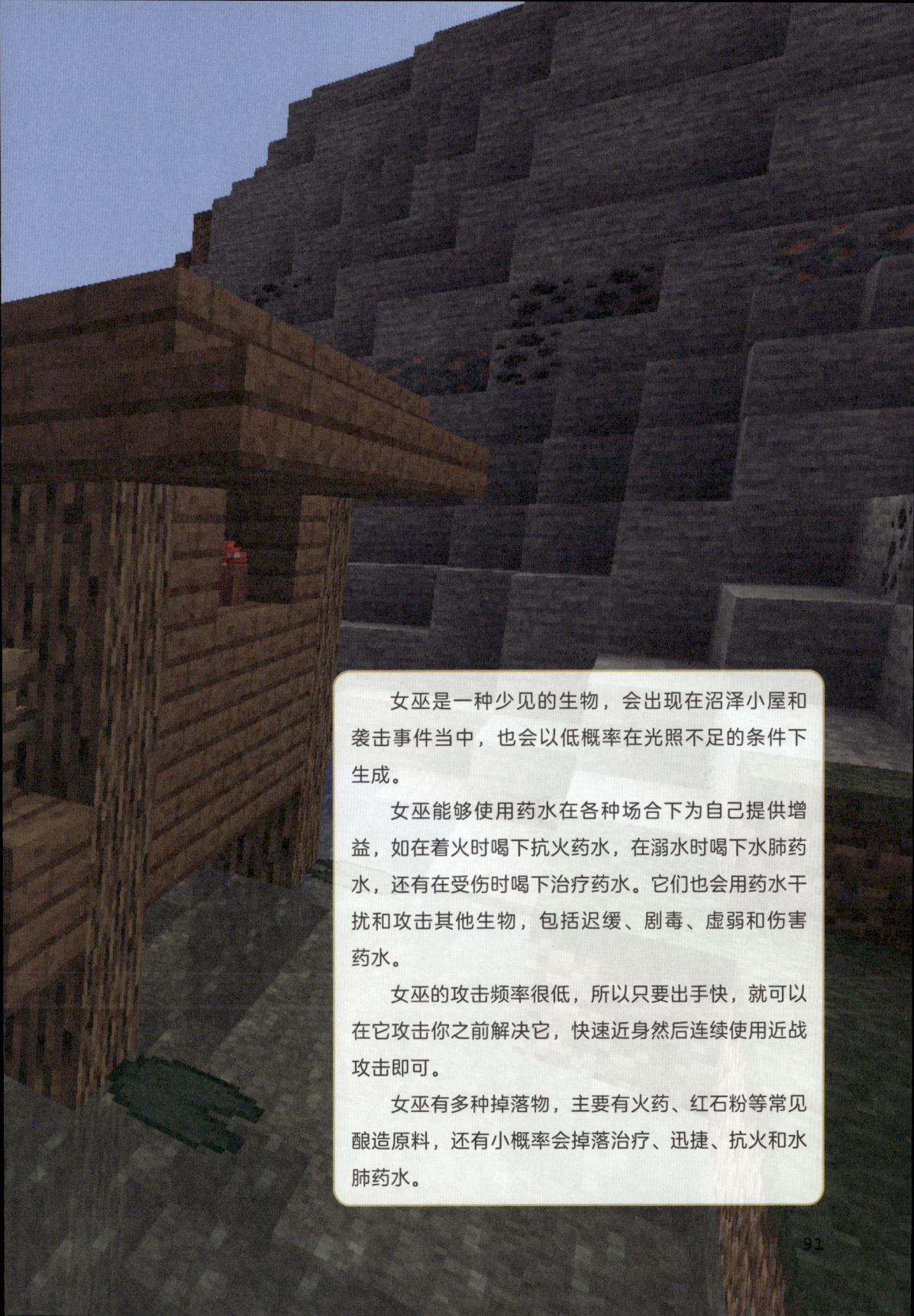

女巫是一种少见的生物，会出现在沼泽小屋和袭击事件当中，也会以低概率在光照不足的条件下生成。

女巫能够使用药水在各种场合下为自己提供增益，如在着火时喝下抗火药水，在溺水时喝下水肺药水，还有在受伤时喝下治疗药水。它们也会用药水干扰和攻击其他生物，包括迟缓、剧毒、虚弱和伤害药水。

女巫的攻击频率很低，所以只要出手快，就可以在它攻击你之前解决它，快速近身然后连续使用近战攻击即可。

女巫有多种掉落物，主要有火药、红石粉等常见酿造原料，还有小概率会掉落治疗、迅捷、抗火和水肺药水。

几只守卫者正在使用激光攻击鱿鱼

守卫者、远古守卫者

生物	攻击模式	稀有度	危险程度	主要掉落物
守卫者、远古守卫者	远程、反伤	仅海底神殿	高	海晶碎片、海晶砂粒、鳕鱼

守卫者是一种生成在海底神殿中的水生敌对生物。除了攻击玩家，它们还会主动攻击鱿鱼、发光鱿鱼和美西螈。

　　守卫者有尖刺和激光两种攻击手段。在守卫者伸出尖刺时对其使用近战攻击会使你受到反弹伤害，而且它们只会在游动时收回尖刺。当你靠近守卫者时，它会从眼中向你发射激光，并在数秒后对你造成伤害，此伤害不能直接通过移动躲避或使用盾牌防御，但可以通过躲在方块后面来阻断它的激光攻击，继续接近守卫者则会使它终止发射激光并后退。

　　对付守卫者的一个有效方法就是把它们逼入角落打死。此时守卫者会因为你过于接近而不会发射激光，只能通过伸出尖刺来对你造成伤害，不过只要盔甲质量够好，就可以无视这些伤害。但要尽可能避免在开阔的空间与多个守卫者战斗，此时应尽可能无视它们继续向前探索或在障碍后躲避，否则很容易处于不利地位。要注意它们不会在你逃跑时主动追逐你。

藏在海底神殿深处房间的远古守卫者

潮涌核心和美西螈也可以应用到战斗当中。潮涌核心可以在海底神殿当中轻松激活，它会攻击周围的守卫者，同时提高你在水下的行动能力；美西螈会主动攻击守卫者，能够消除你的挖掘疲劳效果，还会在与你合力杀死守卫者时为你提供生命恢复效果。虽然守卫者也会攻击美西螈，但美西螈能够装死并趁此机会恢复生命。可以把美西螈装进水桶，然后带到海底神殿协助你作战。

　　海底神殿当中还会生成3只远古守卫者，它们的体形更大，生命值更高，攻击力也更强，还会不断向你施加挖掘疲劳效果。然而庞大的体型也限制了它们的行动，你也可以把远古守卫者逼入死角然后不断攻击。不过同时也要注意自己的生命值，在生命值低下时可以躲在方块后面补充食物，之后再攻击它们。消灭所有远古守卫者后，你的挖掘疲劳效果就不会再延长了，效果失效之后你就可以随心所欲地挖走海底神殿里的战利品了。

　　守卫者会掉落海晶碎片、海晶砂粒和鳕鱼，远古守卫者还会掉落湿海绵。

05 下界生物

猪灵正在端详金锭

猪灵

生物	攻击模式	稀有度	危险程度	主要掉落物
猪灵	近战/远程	常见	偏高	无

下界的敌对生物相比主世界的具有更强的攻击性，对付它们自然也需要更强的战斗能力。所以在前往下界探险之前努力打造一套强大的装备吧。

相当一部分下界生物都能够对火焰伤害免疫，部分例外会在介绍当中指出。

猪灵是一种生成于绯红森林、下界荒地两种生物群系以及堡垒遗迹中的生物。和其他下界生物不同，猪灵不能对火焰伤害免疫。

猪灵常常会集群行动，它们以金剑或弩为武器，其手持的武器决定了它会使用近战还是远程攻击。另外，猪灵喜爱金质物品且非常容易被激怒，你需要装备任意一件金质盔甲才能让它们对你保持中立，但如果你在这之后打开箱子，破坏一些和金有关的方块被它们看到或听到，又或者攻击它们，它们仍会被激怒。

猪灵有一套类似村民交易的"以物易物"系统，会在你向其扔出金锭之后随机扔给你一些物品作为交换，其中包括灵魂疾行附魔书和附魔铁靴、抗火药水、末影珍珠、下界石英，其余还有黑曜石、灵魂沙等方块和杂项物品，这些物品的获得概率各不相同。

猪灵会远离灵魂火及其相关制品（包括灵魂火把、灯笼和营火）。可以随身带一些灵魂火把，使它们无法接近你，然后使用远程攻击对付它们。

猪灵有时会生成幼年个体，它们不会攻击其他生物，不能以物易物（只会捡起物品），也不会成长为成年个体。

猪灵只会掉落一些经验，还有小概率会掉落手中的武器和身上的盔甲，并没有特殊掉落物，所以一般只有在不慎激怒它们时才有必要与之战斗，并不建议主动攻击招惹它们。

> 绯红森林中的僵尸猪灵

僵尸猪灵

生物	攻击模式	稀有度	危险程度	主要掉落物
僵尸猪灵	近战	常见	高	腐肉、金粒

　　僵尸猪灵（旧称僵尸猪人）是一种生成在下界荒地和绯红森林生物群系中的亡灵生物。

　　僵尸猪灵一般会保持中立状态。如果你主动攻击僵尸猪灵，则周围所有个体都会被激怒并向你袭来，不过其他会激怒猪灵的因素并不会激怒僵尸猪灵。

　　与僵尸猪灵战斗时非常建议使用伤害足够高的武器，如高等级力量附魔弓和亡灵杀手附魔剑，这样能够确保及时杀死向自己逼近的僵尸猪灵。但非常不建议主动招惹它们，因为它们的集群近战非常危险，且与之战斗的收益并不高。

　　僵尸猪灵不会像猪灵那样被金质物品吸引，不能进行以物易物，也不会远离灵魂火及其相关制品，而且它们能够对火焰伤害免疫。

　　除自然生成外，僵尸猪灵也可由其他生物转化而来。猪被闪电击中后会转化为僵尸猪灵，而猪灵会在离开下界维度一段时间后转化为僵尸猪灵。

　　僵尸猪灵会掉落腐肉和金粒，另有小概率会掉落金锭和金剑。

> 堡垒遗迹中的猪灵蛮兵

猪灵蛮兵是一种生成在堡垒遗迹中的生物。它们和猪灵一样不会对火焰伤害免疫。

猪灵蛮兵在任何情况下都会与你保持敌对。它们拥有普通猪灵约3倍的生命值，而且不会被金质物品吸引，不能进行以物易物，也不会远离灵魂火及其相关制品。攻击猪灵蛮兵同时也会激怒周围的猪灵。

猪灵蛮兵手持金斧，且能够造成非常高的近战伤害，2~3击就足以使身穿全套无附魔铁盔甲的玩家毙命，十分危险。所以在装备质量不佳且没有把握的情况下非常不建议前往堡垒遗迹和它们战斗。进入堡垒遗迹后，可以在周围插一些灵魂火把，防止被激怒的猪灵接近自己，然后用远程攻击对付猪灵蛮兵。

堡垒遗迹里的猪灵蛮兵被杀死后并不会再生成新的个体。

猪灵蛮兵会掉落较多经验，另有小概率会掉落金斧，除此以外没有其他特殊掉落物。

猪灵蛮兵

生物	攻击模式	稀有度	危险程度	主要掉落物
猪灵蛮兵	近战	仅堡垒遗迹	高	金斧

疣猪兽是一种生成在绯红森林生物群系中的生物。和其他下界生物不同，疣猪兽不能对火焰伤害免疫。

疣猪兽会与你保持敌对，攻击方式为冲向你然后用獠牙把你抛向空中，伤害较高。而且疣猪兽常常会多只生成在一起，比较难以对付。

疣猪兽的攻击距离很长，击退抗性也很强，所以使用近战攻击很容易被它打到，非常建议使用远程攻击应对。而且疣猪兽会远离诡异菌，所以可以在自己周围种一些来防止它们接近你。

疣猪兽有时会生成为幼年个体，不过它们的攻击力很低，且受伤后会逃跑。它们会在一段时间后成长为成年个体。

疣猪兽会掉落猪肉，是下界中为数不多的优良食物来源，而且可以通过给一对疣猪兽喂食绯红菌来使之繁殖。不过即使手持绯红菌，它们也会攻击你，所以最好把它们圈养起来再繁殖。

绯红森林中的疣猪兽

疣猪兽

生物	攻击模式	稀有度	危险程度	主要掉落物
疣猪兽	近战	较常见	偏高	猪肉

疣猪兽离开下界一段时间后会转化为僵尸疣猪兽。它们会主动攻击苦力怕、恶魂和其他僵尸疣猪兽以外的所有生物,攻击方式和普通疣猪兽相同,不过它们能够对火焰伤害免疫。

僵尸疣猪兽正在攻击骷髅

岩浆怪

生物	攻击模式	稀有度	危险程度	主要掉落物
僵尸疣猪兽	近战	仅转化	偏高	腐肉

> 玄武岩三角洲中的岩浆怪

岩浆怪

生物	攻击模式	稀有度	危险程度	主要掉落物
岩浆怪	近战	玄武岩三角洲中常见	中	岩浆膏

　　岩浆怪是一种能够像史莱姆一样分裂的生物，常见于玄武岩三角洲生物群系中，也可由堡垒遗迹的刷怪笼刷出。

　　岩浆怪同样具有大、中、小三种尺寸，每只大型、中型岩浆怪死后都会分裂出2~4只小一级的岩浆怪。岩浆怪尺寸越大，弹跳能力越强，攻击力越强，生命值、护甲值也越高，而且小型岩浆怪也能够造成伤害。

　　岩浆怪和史莱姆一样会造成连续的接触伤害。对付它们时要特别注意观察周围的地形，防止踩进火和熔岩当中，在特别复杂的地形下则应避免和它们战斗。岩浆怪分裂后，可以优先解决离自己最近、最小的个体，防止过多小型岩浆怪堆在一起。

　　大型和中型岩浆怪会掉落岩浆膏，小型岩浆怪则只会掉落经验。

灵魂沙峡谷中的恶魂

恶魂

生物	攻击模式	稀有度	危险程度	主要掉落物
恶魂	远程	灵魂沙峡谷中常见	中	火药、恶魂之泪

　　恶魂是一种生成在下界荒地、灵魂沙峡谷和玄武岩三角洲中的生物，会在空中四处飘荡，发出诡异的叫声。

　　恶魂能够在很远的距离外发现你，然后朝你发射火球。火球击中物体后会发生小爆炸，破坏地形并造成不小的伤害。

　　不过恶魂的生命值很低，最多两箭就可以射杀。而且可以试着把它们发射的火球打回去（用手或使用弓箭等弹射物都可以），恶魂被火球击中后会被秒杀。

　　恶魂会掉落恶魂之泪和火药。不过如果想收集恶魂之泪，就要多加注意恶魂的下方有没有熔岩等能够摧毁物品的环境因素，最好等它飞到足够"安全"的地方再杀死它。

由刷怪笼刷出的烈焰人

两只凋灵骷髅的体色与下界要塞的深色方块几乎融为一体

烈焰人

生物	攻击模式	稀有度	危险程度	主要掉落物
烈焰人	远程、接触	仅下界要塞	中	烈焰棒

烈焰人是一种自然生成于下界要塞中的生物。

烈焰人移动缓慢，但能够竖直向上飞行，而且能够在较远的地方发现你。它们在准备攻击时会向上飞行，身体会燃烧起来，之后会向你连续发射3枚小火球。不过它们的火球只能点燃实体和方块，不会爆炸破坏地形。如果你离烈焰人过近，它们也会对你造成接触伤害。

对付烈焰人使用远程和近战攻击皆可。一般来说只要盔甲足够好，它们的火焰伤害就不会造成威胁，装备火焰保护附魔盔甲还可以减少你的燃烧时间。它们发射火球时可以适当利用周围的障碍物躲避。

烈焰人会掉落烈焰棒，这是酿造药水的必备物品，可以用于制作酿造台，以及合成作为酿造台动力的烈焰粉。需要时可以利用下界要塞的烈焰人刷怪笼多刷一些。

凋灵骷髅

生物	攻击模式	稀有度	危险程度	主要掉落物
凋灵骷髅	近战	仅下界要塞	中	骨头、煤炭、凋灵骷髅头颅

凋灵骷髅是一种手持石剑的黑色骷髅，属于亡灵生物，会自然生成在下界要塞当中。

凋灵骷髅的攻击方式很简单，它们会以较快的速度冲向你然后使用近战攻击，但它们的攻击还附带10秒的凋零效果，能够造成持续伤害。

使用近战攻击对付凋灵骷髅时只要注意控制距离即可，在它进入攻击范围时立刻出手，尽量不给它打到你的机会。只要及时补充食物，凋零效果就不会造成太大威胁。也可以设置一些只有2格高通行空间的障碍把它拦住（凋灵骷髅高于2格），然后躲在后面对付它。

凋灵骷髅主要会掉落骨头和煤炭，还有小概率会掉落石剑和凋灵骷髅头颅。其中凋灵骷髅头颅是召唤Boss生物凋灵的关键物品，每次召唤都要消耗3个，所以要多花些时间来收集。

06 末地生物

倒挂在方块下方的潜影贝，张开外壳窥探外部

潜影贝

生物	攻击模式	稀有度	危险程度	主要掉落物
潜影贝	远程	仅末地城	中	潜影壳

潜影贝是一种自然生成于末地外岛的末地城中的生物。

潜影贝会附着在其他方块的表面上，不时张开外壳窥视外部的情况。在受到攻击、附着的方块被破坏及外壳被阻挡等情况下，它们可能会瞬移并附着到其他方块表面。

潜影贝会在发现你时张大外壳，然后向你发射导弹。导弹会追踪你的位置，可以用手或射击破坏掉。虽然被导弹击中受到的伤害不高，但你会受到漂浮效果的影响而不受控制地向高处飘。被导弹击中的潜影贝有概率会生成一只新的潜影贝。

潜影贝在关闭外壳时可以弹开箭，且会受到很高的护甲值保护，在它张开外壳时攻击才能造成有效的伤害。如果受到漂浮效果影响，可以在墙上倒一桶水，然后顺着水流向下游动，避免摔伤和进一步上浮。

在末地城探险时，可以借助它们施加的漂浮效果跳过末地城里的一些跑酷，轻松到达高处收集战利品。

潜影贝会掉落潜影壳，可以合成为潜影盒，作为非常实用的便携容器使用。

07 Boss 生物

在返回传送门上休息的末影龙

末影龙

Boss生物是一类生命值极高且攻击能力强大的生物，Boss战期间屏幕顶端会显示Boss的名称和生命值。挑战Boss需要做好充足的准备，拿出自己所能制造出的最好的武器和装备来在战斗当中取得优势，而战胜Boss则是对玩家游戏水平的一种证明，同时也会获得丰厚的奖励。

　　游戏中目前共有两种Boss生物，每击败其中的一种在整个流程当中都有着里程碑式的意义。努力提升自己，争取早日战胜它们吧。

　　末影龙是盘踞于末地主岛的Boss生物。你与末影龙的战斗在你初次进入末地之时就会开始。

　　末影龙会在主岛上空飞行，不时贴近地面向你冲刺，有时还会向你发射火球，在击中的地方留下一片能够造成持续接触伤害的紫色烟雾。每过一段时间，末影龙就会飞到岛心的返回传送门上休息，此时箭的伤害对其无效。

　　直立在主岛四周的黑曜石柱上放着末地水晶，能够持续治疗末影龙，所以你必须把这些水晶破坏掉才能对末影龙造成有效的伤害。

末影龙的
死亡动画

在这场战斗当中，可以用玻璃瓶收集末影龙火球产生的紫色烟雾获得龙息。这是一种酿造材料，可以把喷溅药水转化为滞留药水，使药水提供的效果持续作用在处于药水云当中的实体上。战胜末影龙后，你会获得巨量的经验和此次战斗的纪念品——龙蛋，返回主世界的传送门会为你打开，通往末地外岛的折跃门也会生成在主岛的外围。

如果你想再收集一些龙息，可以合成4个末地水晶，摆在返回传送门四周，之后末影龙会被复活，同时黑曜石柱上的末地水晶会全部恢复原状，这样你就可以在战斗当中继续收集龙息了。不过再次打败末影龙掉落的经验远不如初见时多，除此之外也不会有额外奖励。

由于末影龙的战斗和末地的环境息息相关，我们将会在《我的世界：探索冒险》一册介绍末地的章节当中，详细说明打败末影龙的方法。

凋灵是一种需要手动召唤生成的Boss，需要将4块灵魂沙或灵魂土摆成T形，然后在顶部放置3颗凋灵骷髅头颅来召唤。

凋灵对地形有十足的破坏力，所以召唤前一定要慎重挑选战斗场地，确保它不会破坏你的重要设施或者伤害到你养殖的动物。由于凋灵还会追逐并攻击许多非亡灵生物，为了防止它们把凋灵从战斗场地吸引走，战斗场地最好也选在不会出现其他生物的地方。

成功召唤凋灵后，凋灵会暂时处于无敌状态，在原地滞留数秒，生命值会从一半逐渐补满，之后引发一场破坏力和伤害极高的大爆炸，同时进入战斗状态。凋灵会在受到伤害后破坏掉挡在它面前的绝大多数种类的方块，所以即使使用黑曜石这种极其坚硬的方块也不能困住它。

凋灵在第一状态时会飞到攻击目标的上方对其发射凋灵之首轰炸。凋灵之首有黑色和蓝色两种：黑色的飞行速度快，而蓝色的飞行速度慢，但能够炸毁很多高爆炸抗性的方块。两种凋灵之首伤害相同，且都会造成数秒的凋零II效果，造成持续伤害。在基岩版中，蓝色凋灵之首可以空手或者用箭打回，如打中凋灵会使之陷入短时间的硬直。

在这一阶段，可以在较远的地方射击凋灵，同时注意躲避飞来的凋灵之首。只要不过于接近，凋灵就不会追逐你。近战在这一阶段是不利的，因为凋灵飞在半空中，打起来会非常吃力。

> 第一状态的凋灵

凋灵

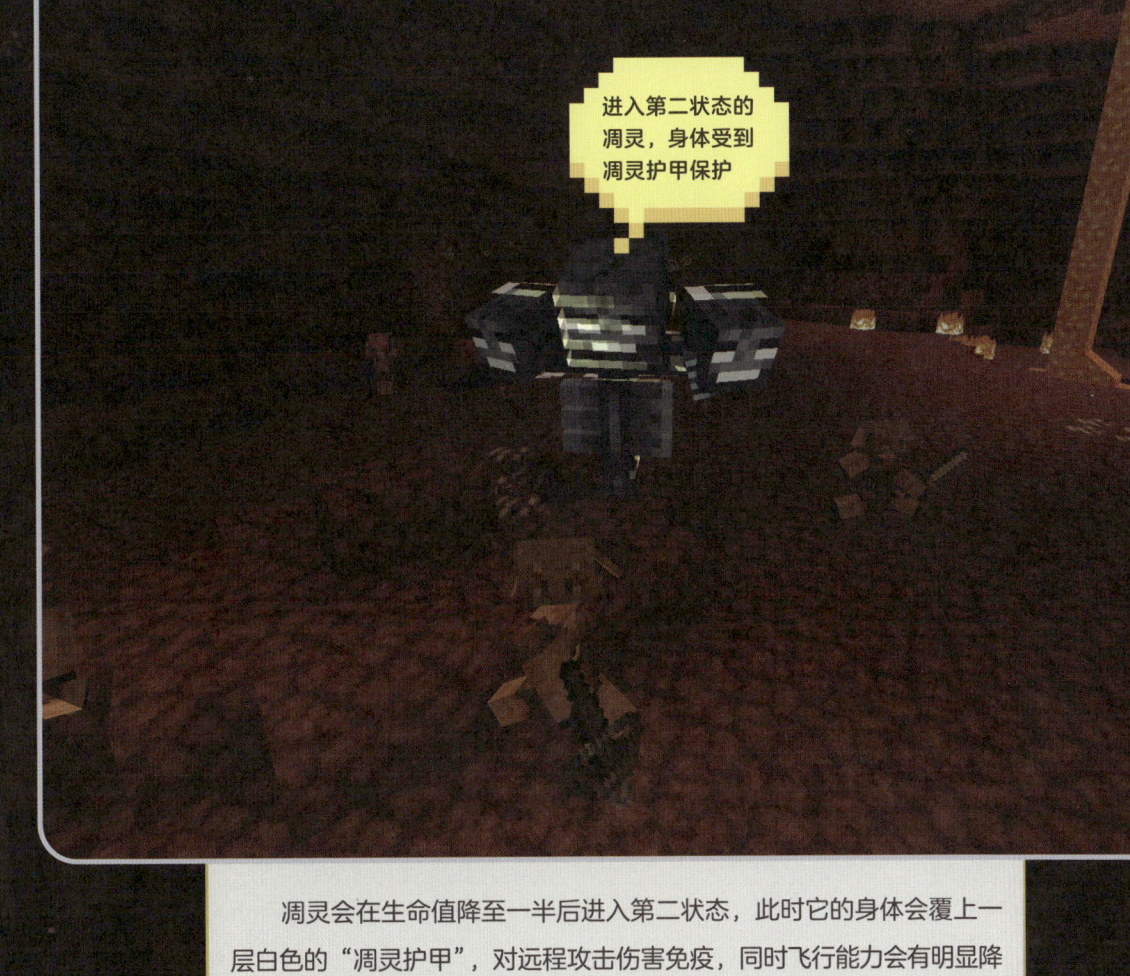

> 进入第二状态的凋灵，身体受到凋灵护甲保护

  凋灵会在生命值降至一半后进入第二状态，此时它的身体会覆上一层白色的"凋灵护甲"，对远程攻击伤害免疫，同时飞行能力会有明显降低，只能在低空飞行。在基岩版中，凋灵会在进入第二状态时召唤一些凋灵骷髅，而且它此时除了发射凋灵之首，还会不时使用冲撞攻击，这种攻击会摧毁它冲刺路线上几乎所有的方块，对地形造成巨大的破坏。

  在这一阶段，你就只能使用近战攻击了。凋灵属于亡灵生物，使用亡灵杀手附魔武器可以对它造成可观的额外伤害。接近它之前最好吃下金苹果或饮用一些药水来抵抗它造成的伤害以及提升自己的各项属性。攻击时最好边打边绕它转圈，躲避它发射的凋灵之首。在基岩版中还要注意观察它准备冲刺的姿态，以便提前躲开。最后，基岩版中的凋灵会在生命值耗尽时显示一段死亡动画，然后再次爆炸，需要注意远离。

  打败凋灵后，你会获得一颗下界之星。这是一种珍贵的合成原料，可以制成信标，用矿物块金字塔激活后可以在一定范围内为你提供特定的状态效果增益。

附录 A 进度与成就

Java版

图标	进度名称	描述
	整装上阵	用铁盔甲来保护你自己
	不吃这套，谢谢	用盾牌反弹一个弹射物
	钻石护体	钻石盔甲能救人
	附魔师	在附魔台里附魔一样物品
	见鬼去吧	用一团火球干掉一只恶魂
	脆弱的同盟	从下界救出一只恶魂，将其安全地带到主世界，然后干掉它
	残骸裹身	获得一整套下界合金盔甲
	惊悚恐怖骷髅头	获得凋灵骷髅的头颅
	与火共舞	让烈焰人从烈焰棒中解放吧
	凋零山庄	召唤凋灵
	解放末地	祝君好运

这里列出了本册书中涉及的游戏进度与成就。

图标	进度名称	描述
	自我放逐	杀死一名袭击队长。或许该考虑暂时远离村庄……
	怪物猎人	杀死任意敌对性怪物
	扣下悬刀	用弩进行一次射击
	抖包袱	往什么东西扔出三叉戟。注：别把你唯一的武器也抖掉了
	瞄准目标	用弓箭射点什么
	资深怪物猎人	杀死每一种敌对性怪物
	超越生死	利用不死图腾逃离死神
	一箭双雕	用一支穿透箭射杀两只幻翼
	现在谁才是掠夺者？	让掠夺者也尝尝弩的滋味
	狙击手的对决	从50米开外击杀一只骷髅

115

基岩版

图标	成就名称	描述
	出击时间到!	使用木板和木棍制作剑
	怪物猎人	攻击并摧毁怪物
	狙击手的对决	从超过 50 米远的地方用箭杀死一个骷髅
	还治彼身	使用火球摧毁一个恶魂
	与火共舞	夺取烈焰人的棒子
	附魔师	制作一个附魔台
	赶尽杀绝	一击造成 9 颗心的伤害
	开始了?	生成凋灵
	开始了。	杀死凋灵
	钢铁侠	穿全套铁盔甲

图标	成就名称	描述
	弓箭手	用箭杀死一个苦力怕
	伪装	戴着相同类型的生物头颅消灭该生物
	自食其果	用喷溅药水对女巫下毒
	感觉不适	战胜唤魔者
	杀死野兽！	击败一个劫掠兽
	我们被攻击了！	触发一次掠夺者袭击
	遍身残骸	穿着全套下界合金盔甲